日本の遺跡27

五稜郭

田原良信 著

同成社

北方上空からみた五稜郭と函館市街

五稜郭内中央部で発掘された箱館奉行所庁舎の整然と並ぶ基礎遺構

奉行所庁舎北側棟の白洲跡

五稜郭内に整備されていた上水道の木樋

1868（慶應４）年に撮影された
五稜郭箱館奉行所庁舎の古写真

大手口の本塁石垣
（刎ね出し）

郭内建物で唯一
復元整備された
兵糧庫（土蔵）

目　次

カバー写真　上空からみた五稜郭

装丁　吉永聖児

五稜郭

I 五稜郭の概要

北海道と本州の間を、西から東へ流れる津軽海峡は、古くは縄文時代から文化が伝播する交易路であった。日本海を北上する対馬海流に乗って、多くの物資が本州から北海道へもたらされ、また北海道からも豊かな産物などが運ばれていた。津軽海峡は、北と南の文化を隔てる障害となることはなく、むしろ人びとが活発に交流し、共通の文化圏を形成する主要な交通路であった。

この津軽海峡の北海道側の代表的な玄関口に函館市がある。函館市は、北海道南部の亀田半島南東部に位置し、東側は太平洋、南側は津軽海峡に面しており、西側は北斗市、北側は七飯町・鹿部町と隣接している。

津軽海峡を挟んだ対岸の青森県との距離は、函館市と青森市では直線距離で約一〇〇キロあり、最短距離は、函館市汐首岬と下北半島の大間崎の約一七・五キロほどの位置関係にある。

二〇〇四（平成十六）年十二月一日には、函館市と周辺の戸井町・恵山町・椴法華村・南茅部町の四町村との合併が行われ、面積六七七・八二平方キロ、人口約二九万五〇〇〇人（二〇〇六年三月末現在）を有する水産業・観光を中心とする港湾都市としての新たな歩みが開始されたところである。

　函館の地形に関するアイヌ語に「ウスケシ（宇須岸）」がある。ウスケシは、港内の端を意味するウショロケシが転化したものといわれている。この言葉が示すように、函館市の地形的特徴は、陸繋島となる函館山（標高三三四メートル）を要として、北側や東側の山裾野部の段丘面と砂州が結合した扇形の平坦地に市街地が形成されていることである。また、この砂州地形は巴の形をしているところから、函館港は別名「巴港」とも称される天然の良港であり、函館の発達の源となっているところでもある。

　室町時代には、函館周辺の前浜で生産される良質の天然昆布を、日本海航路を経由して京都・大阪方面へ出荷したことが知られている。その集荷場所として繁栄したのが、本州の和人豪族により函館山麓に築かれた「箱館」であり、現在の「函館」の地名の由来となっている。

　ところで、「箱館」の語源はこの室町期の和人豪族の館が箱の形に似ているところから付けられたとする説があるが、どうも少し違うようである。文献史料に記されている、函館山の一角の「蝦夷館山」（別名ハクチャシ）から転化した可能性が高いと考えられている。ハクチャシとは、アイヌ語で小さな砦（館）という意味といわれる。この「ハク」が「箱」、チャシ（砦・館）が「館」となったとされている。港内の端（ウスケシ）にある小さな館（ハクチャシ）が「箱館」とよばれるようになったのであろうか。

　いずれにしても、箱館は天然の良港であるがゆえに、その後の日本史上の重要拠点としての役割を担うことになる。その最大のできごとが幕末期の箱館開港であり、これにより西洋文化の象徴ともいえる「五稜郭」が生み出される要因となった。

五稜郭の存在は、明治維新の際に最後の戦いとなった箱館戦争の舞台としても著名であるが、箱館開港にともない築造された五稜郭の役割はより以上に重要度が高いものであった。西洋式土塁という特異な姿や幕末明治維新の志士たちの影を追い求めて、連日数多くの人びとが訪れる名所となっているが、意外にその内容はよく知られていない。このため、これまで二〇年あまりにわたって発掘調査を始めとする諸調査が行われて、その姿がしだいに明らかとなってきている。

まだ、完全に解明されたわけではないものの、おおよその内容を提示できる資料が整いつつある状況となった。次に「五稜郭とは何か、五稜郭であったできごとなど」その一端を紹介することとしたい。

1　五稜郭の位置

特別史跡五稜郭跡は、函館山から約六キロ北東方向に離れた、市の東部平坦面に位置している。五稜郭跡が存在する一帯は、幕末期の開港された頃は別名「柳野」とよばれたように「猫柳」が多く群生していた一面の低湿地帯であった。またこの地は、北側を流れる亀田川（赤川）から水を引き込める唯一の適地ともなっている。さらには、その南側は小高くなり、港湾などからも五稜郭の姿が見えにくいという軍事的な利点ももち合わせた場所であるともいえる。例えていえば、ほぼ平坦面が広がる函館の中央部にあって、ちょうど「臍」にあたるように、すり鉢状の窪地に築造されていることになる。

現在の五稜郭跡周辺地は、函館市の副都心とし

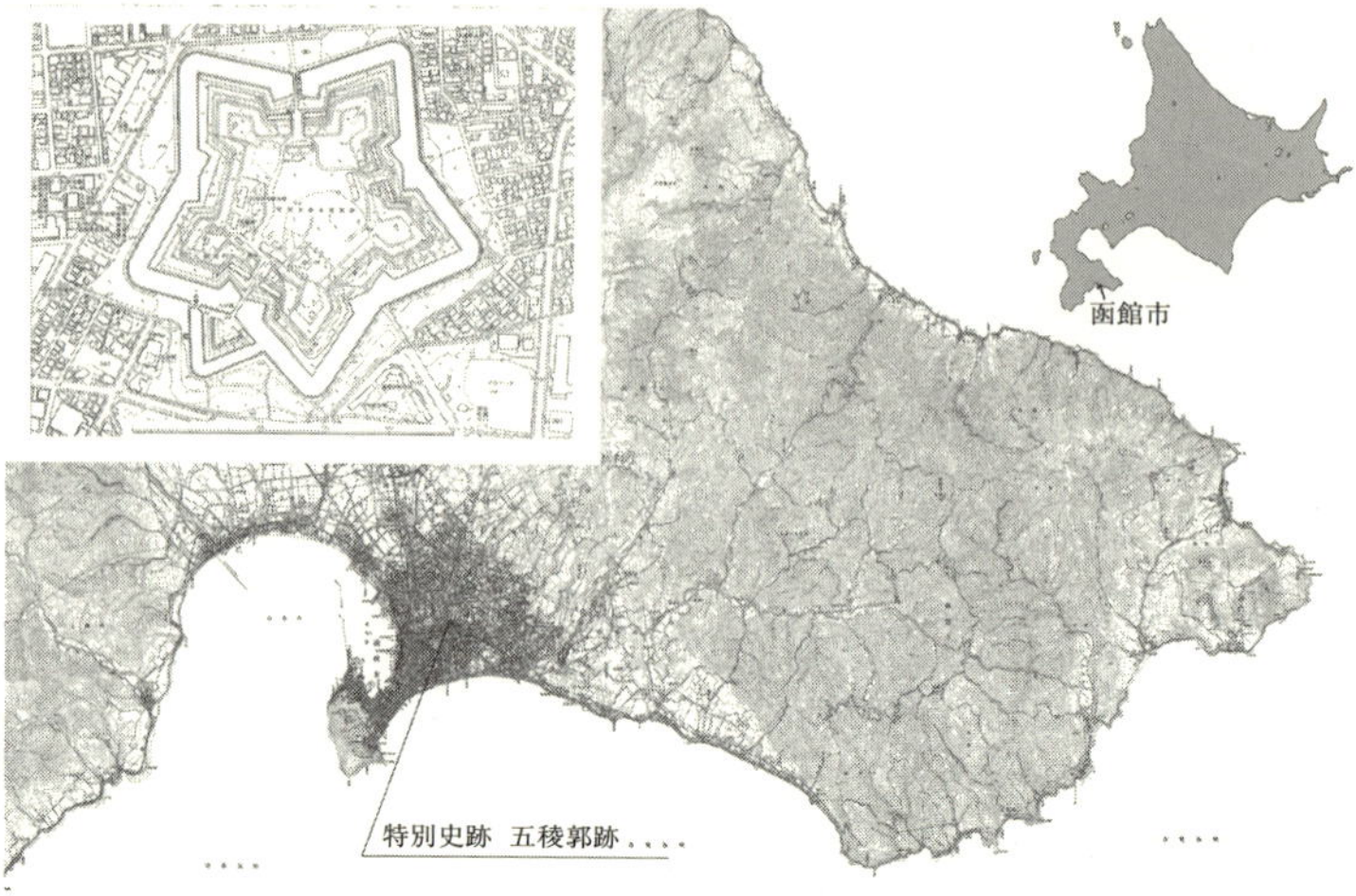

図１　五稜郭の位置

て商業地域や住宅地区が隣接し、少し離れた場所からでは、五稜郭跡の特異な姿をとらえることはむずかしい状況となっている。

なお、五稜郭跡の所在場所は、北緯四一度四七分四九秒、東経一四〇度四五分二四秒、函館市五稜郭町および本通一丁目にあたる。

2　五稜郭の構造と規模

「五稜郭」の名が示しているとおりに、稜堡とよばれる五つの突角をもつ星形の五角形状に土塁が巡らされ、周囲には石垣積みとなる水堀が存在している。また、この星形に巡る土塁の南西側には、半月堡または馬出塁とよばれる堡塁が一カ所付設されている。

この稜堡式土塁の形状は、古くは十五世紀後半頃のイタリアに発祥し、十六～十七世紀頃にはほ

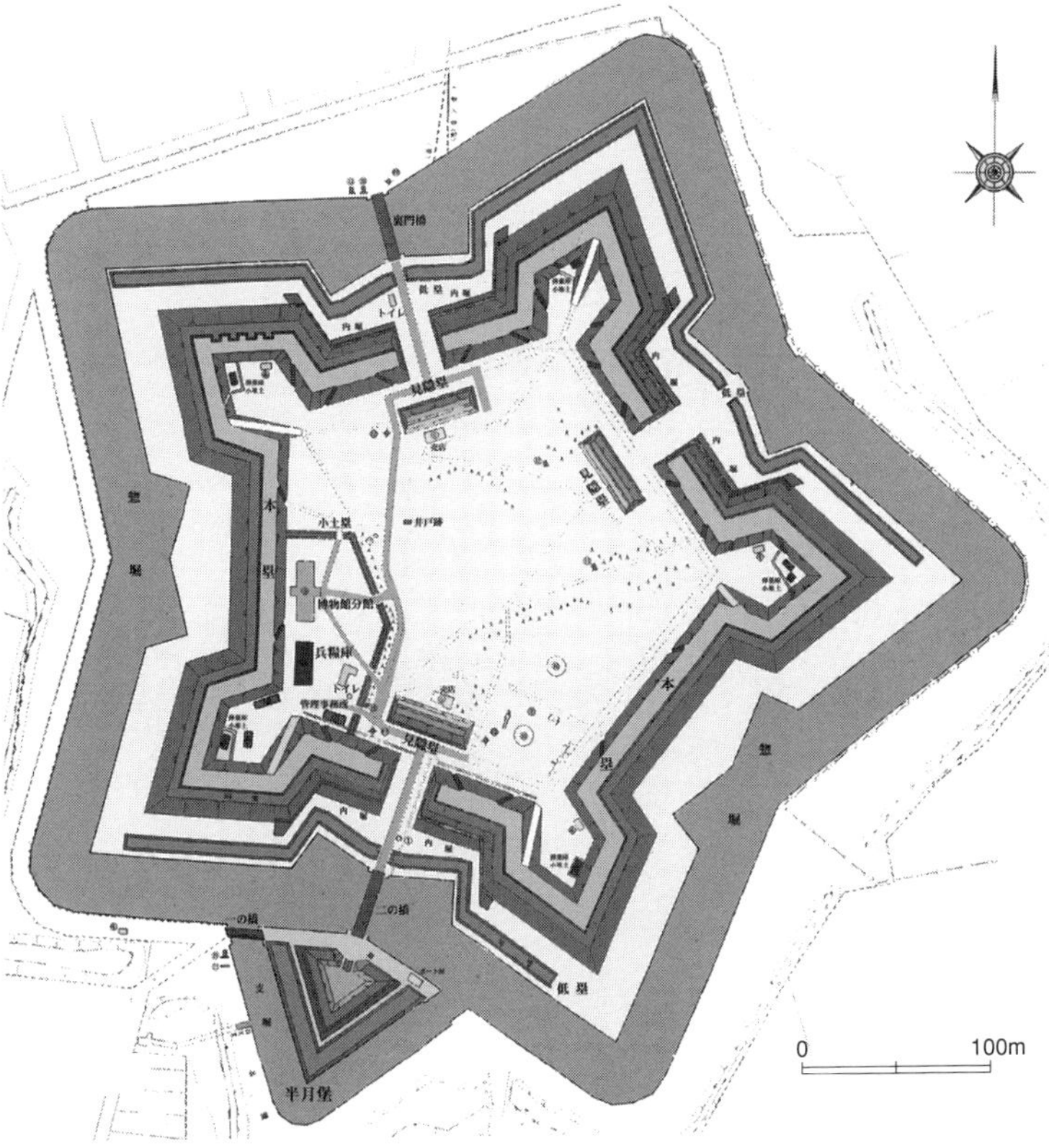

図 2　五稜郭の現況図

ぼヨーロッパ一帯に広まり、その後に植民地政策によりアジアやアメリカ大陸などにも築造された「稜堡式の城塞都市・要塞」をモデルとした「西洋式土塁」である。

正面広場から一の橋を渡ったところに半月堡塁が存在する。この堡塁は、三角形状の土塁外面を石垣積みとしたもので、五稜郭跡の南西側正面出入口を遮蔽する位置にあり、周囲の堀外から郭内の様子を見通すことができないものとなっている。この半月堡塁を経由して、郭内へ通じる箇所に二の橋が架けられている。

現存する郭内の出入口は二カ所あり、そのうちの一カ所が、南西側の大手、表門側である。また、もう一カ所の北側は搦手、裏門側となり、郭外の役宅が存在したエリアへと通じている。

築造当時の計画図には橋が五カ所描かれているが、現存する橋は大手側に架かる一の橋と二の橋の二カ所、および搦手側の裏門橋一カ所の計三カ所である。このうち、一の橋と二の橋は昭和五〇年代後半に写真資料等をもとに架け替えられたもので、裏門橋は管理用の橋として一九六四（昭和三十九）年にコンクリートづくりで架け替えたものである。

なお、現在の半月堡塁東側と郭内東側の二カ所に橋は存在していないが、この二カ所については文献史料にも架けられた記述があり、また橋台の存在や、潜水調査で橋脚等が確認され、築造時に架橋されていたことは確実である。

郭内の出入口となる南・東・北側の三カ所には、郭内の様子を目隠しにする役割の見隠塁が存在する。これらはともに、出入口正面と両脇面が石垣積みの台形状の構造である。三カ所の規模も、長さ約四四《メートル》、幅約一四《メートル》とほぼ同一となっている。これに加えて、出入口となる本塁の切目箇所と出入口の両脇面についても石垣積みの構造となっている。さらには、この出入口石垣積みの下部に沿う形で、合計一二カ所の空堀が設けられている。

本塁は底辺幅が約二七から三〇《メートル》、高さは約五～七《メートル》程で、頂上部には土塁胸墻が巡らされている。また、本塁と水堀の間には幅約一〇《メートル》、高さ二《メートル》前後の低塁も巡らされている。

郭内中央部付近は、築造当時に箱館奉行所およびその周辺に付属建物が設置されていたが、明治初期にそのほとんどが解体され現存していない。

現在、西側に土蔵の兵糧庫一棟が、当時からの建物遺構として存在するのみである。この他のものとしては、幅約五メートルの小土塁、北西側に井戸跡、ならびに築造当時に庭木等として植栽されたアカマツ（現有本数の八八本は文化庁所属国有財産）が残る程度となっている。

なお、郭内外の広範囲にわたって数多く存在するサクラ（約一六〇〇本）を始めツツジやフジなどの樹木のほとんどは、大正期に公園として開放された以降のものである。

郭内の標高は約一三メートルから一六メートルで、ほぼ平坦となっているが、北側から南側にかけて緩やかに傾斜がみられる地形となっている。したがって、郭内の排水は南側に向かって流れることになるが、とくに中央部から南東側にかけては、泥炭質の土壌のため雨水が滞水しやすい傾向にある。

郭外には、掘割の揚げ土で築かれた長斜坂が存在する。築造当時の形状からはかなり変化しているものの、南西側から南東側にかけての堀沿いに巡らされており、当時の名残を留めている。

ところで、本堀と枝堀の水については、当初は亀田川から上水道により導水していたが、明治期以降は取水を止めたこともあり、一九七五（昭和五十）年からは水道の原水を使用している。導水口は北側の搦手側で、排水口は半月堡塁西側にあり、溜池を経由してふたたび川へ還流するものとなっている。

五稜郭跡全体の規模は、半月堡塁を含む郭内の面積が約一二万五五〇〇平方メートル、水堀の面積が約五万六四〇〇平方メートル、郭外の長斜坂を含んだ史跡指定範囲面積は、約二五万八三五平方メートルである。また、堀幅は最大約三〇メートル、深さは四から五メートル、水堀の外周石垣面は約一八〇〇メートルで、内周石垣面は約一七五〇メートルとなっている。

Ⅱ　五稜郭の沿革

1　五稜郭築造と箱館奉行所

箱館開港の決定

ペリー提督率いるアメリカ艦隊すなわち黒船の来航により、徳川幕府は鎖国を解き、海外に門戸を開放することとなった。

一八五四（安政元）年三月三日、日米和親条約の締結が行われ、翌一八五五（安政二）年三月に箱館と下田の二港を開港することが決定された。箱館が開港場に選ばれた理由は、北太平洋上で操業しているアメリカの捕鯨船が航行する津軽海峡の途中に寄港地が必要であると、ペリーからの要求があったためである。また、箱館は、すでに一七九三（寛政五）年六月にロシア使節ラクスマン一行が入港するなど、ロシアの南下政策の渦中にあった所で、それ以来、北辺防備の重要地点ともなっていた所でもある。

条約の調印を済ませたペリー一行は、さっそく補給基地としての利用頻度が高くなる箱館の調査を実施することにした。四月十五日の朝、箱館港にアメリカ船が到着し、翌日から早くも港内の測量が開始された。

当時の蝦夷地は、松前藩が治めていたこともあり、ペリーとの交渉には松前藩役人が対応した。このなかで、ペリー側は単に薪水・食料・石炭等の補給に止まらず、箱館におけるアメリカ人の自由な遊歩や商人との売買、箱館の産物と休息所の提供などを要求した。この交渉に松前藩役人は苦慮したが、最終的にはほぼペリーの要望を受け入れる結果となった。箱館山や市中および港内などの調査を終え、箱館が開港場としての役割を担えると判断されたこともあり、ペリー一行は五月八日に箱館を出港した。

このように、突然の黒船来航による箱館の命運は、それまでに経験したことのない西洋文化の受け入れにより、劇的にそして大きな変化を遂げるようになった。

箱館奉行の設置

箱館開港の決定により、幕府は箱館および五~六里四方を上知するとともに、箱館奉行を設置した。箱館奉行の設置は、ロシアの南下への対応策として一八〇二（享和二）年に設置して以来、二度目のものであった。

箱館奉行には、一八五四（安政元）年六月にペリーとの日米交渉や条約作成に加わるなど、海防や対外関係の経験者であった勘定吟味役の竹内保徳（下野守）が任命された。また、蝦夷地や樺太の調査を命ぜられていた目付の堀利熙（織部正）も、その調査中の同年七月に箱館奉行に任じられることになった。さらには、松前・蝦夷地に勘定吟味役として出張していた村垣範正（淡路守）も一八五六（安政三）年七月に箱館奉行に任じられている。このように最大三名体制であった箱館奉行の任務は、箱館開港にともなう対外関係の処

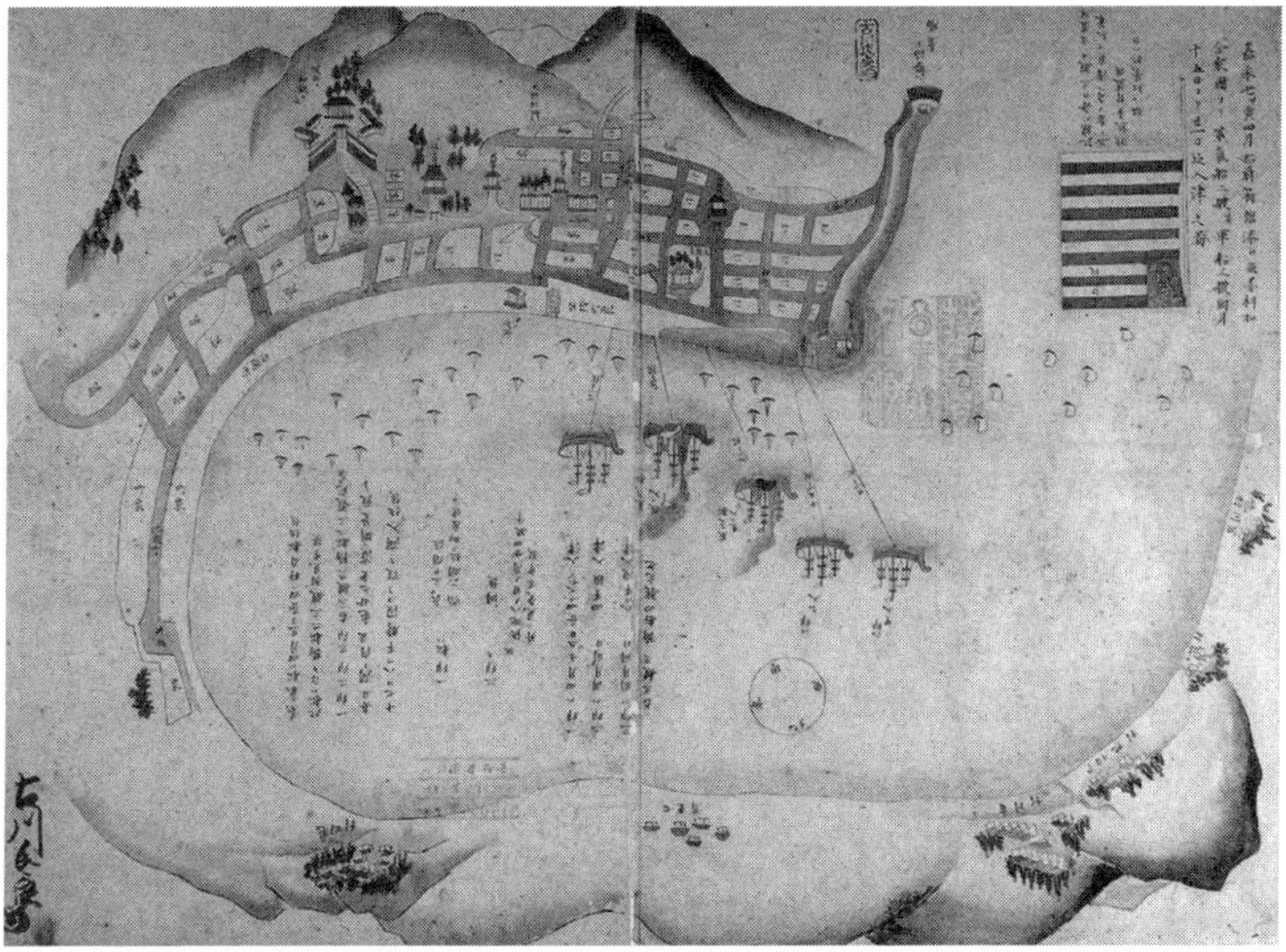

図 3　亜墨利加船／松前箱館湊江／入津之図

理、箱館および周辺の統治、箱館および幕領地の海岸防備などを行うことにあった。そのなかで、蝦夷地の調査にあたっていた堀と竹内の両奉行の意見交換により、箱館経営の具体的な諸政策や経営方針が検討されることとなった。

箱館奉行所の移転計画

箱館開港を目前にした最大の課題は、箱館の防衛計画であった。とくに、開港の後には外国人の遊歩等により、役所（奉行所）の安全性が脅かされることが想定された。開設された役所の位置は、港湾を見渡せる箱館山山麓の高台であったが、反対に港湾からも丸見えの状況下にあり、艦船からの標的になりやすい場所でもあった。さらには、役所背後の山上から外国人に見透かされる恐れも考えられた。このために、第一に役所を亀田有川の平坦地へ移転させ、港湾に新たに台場を建設する必要が生ずることになった。

一八五四（安政元）年十二月に出された幕府への上申書である「箱舘表御役所支配向御役宅御場所替之儀奉伺候書付」には、役所を亀田に移転させる理由が次のように記述されている。

　亀田村之奥海岸ヨリ凡直径二十四五町程、鍛冶村之西、中道之南、平原曠野之内、御役所其外、惣構縄張仕候ハバ、箱舘港内者勿論、外洋之動静も相分かり、左右海岸御固大名陣屋元江も、諸事手配行届、箱舘町臨時應援等も出来仕、異船渡来之節、應接等者論、平常市中取締向等ニも差支無之、諸般御都合宜可有之哉ニ奉存候。尤四原懸拂之内江取建、山嶮ニ據候我ニ無之候得共、左右泥沼等有之、道路迂曲仕田園等追々相開候者、容易ニ近寄候儀難ニ相成、且御役所四方土塁を相設ケ、赤川之清流を引込、万一之節者筒配等被致候様仕置、右一郭内江御役所並支配向御役宅等、取建候得共、夷人共遊歩之節も見透候儀無之其上最寄村落等も有之候間、樹木障屏ニ罷成隠顕自在ニ出来仕、水草之便利も宜敷、北面山亦山控帯仕候ニ付、山麓まで凡二十町より三十町程有之候箱舘出岬より寒気薄く凌ニも相成、可然地形ニ付、同所江御引移候様仕度、且是まで之御役宅者其儘差置、平常組頭始役々交替ニ而為ニ相詰市中取締沖之口船改等為取扱、私共儀も時々見廻仕、且交替之節着船仕候得者、右役所江交代まで、旅宿同様住居仕候得者、別段交替屋敷等御取建ニも及中間敷哉奉存候間、凡見込之地所別紙繪圖面懸ケ紙仕此段申上候。可然も被思召候ハバ巨細坪数其外建坪並土塁矢掛之得失等取調猶また申上候様可仕候

　これによると、亀田の地は、港湾からおよそ二四、五町程（約三キロ）と、一応当時の大砲の射程

距離外にあるが、箱館港内や外洋の動静も把握できる場所であるとしている。また、周囲の東北諸藩の陣屋や箱館の町へもさほど遠くなく、外国船の応接や平常の市中取り締まりなどにも差し支えないとされている。しかしながら、この辺りは泥沼もあり、道路も曲がりくねるなど、かならずしも良好でない所もあるものの、反対に容易には近寄り難い利点もあるとしている。

この場所に、四方に土塁を巡らしてそのなかに役所を建設する計画であった。そして、赤川から清流を引込み利用できることと、万一の場合には大砲を配備することも計画されている。

このようななかでは外国人が来た場合でも役所が見透かされる危険性は少なく、樹木による遮蔽もできることに加え、箱館山山麓よりも寒気を凌ぎやすい長所もあって、移転の適地であると結論づけられている。

フランス軍艦の箱館入港と洋式築城法の教授　役所が亀田に移転することになったものの、当初は外郭施設となる土塁の形状について確定はしていなかった。最終的に現在みられるような五稜の星形に決定した背景には、フランス軍艦の箱館入港があった。

一八五五（安政二）年八月に入港したフランス軍艦コンスタンティーン号の記録「仏船停泊日記」には、同艦の副艦長から箱館奉行に対して箱館の防御に対する次の指摘がある。

　　拂蘭西日記八月十日

一　コンスタンティーン船将次官躰のもの咄し聞候には、長崎表砲台は如何にも御手薄のようにも見請候。右にては迚も御用立間敷哉と察居候。若当表にて砲台御築にも相成候ハバ、外面石垣等は不要害に付、土塁にて砂と土とを交々築候方肝要に候。右は少々書籍も所持いたし候間、船中御越の節は懸御目度趣申聞候事。

八月十四日

一　乍去、抑我国都パイレス王城は陸地にて三、四里四方有之、其外面弐里半または三里程隔り周囲砲台拾二、三ケ所、いづれも土塁にて砂と土と交へ築立、大砲三千門其外数多小筒等も備有之聊外冠の患無之、右絵図其外陣立の規則書類も可入御覧候に付、今日にも船中え御越し可有之旨申聞候間、今明日は差支候旨相答置候事。

第一には、フランス軍艦が途中寄港した長崎は防備も手薄であり、また箱館も同様に不十分な状況にあるというものであった。また、フランス、パリの郊外には砂と土を突き固めた土塁で守られた一二～一三の砲台（城砦）が配置され、大小の大砲により守られている状況にある。そこで、新たに台場を築くのであれば、それに見合う書類をもちあわせており、必要ならば写し取ってもよいとされた。

これを受けて、後日に箱館奉行が乗船した際には仏書が贈呈されている。また蘭学者武田斐三郎も、役所において副艦長から直々に教授を受け、大砲設計図および稜堡の絵図面を写し取ることとなった。

西洋式土塁築造の決定

フランスの教授を受けた後、一八五五（安政二）年十二月十六日に、箱館奉行から幕府に対して「箱館御役所御引移地所土塁之儀ニ付相伺候書付」という伺書が提出された。このなかで、「当港入津之軍艦等追々及見聞候処、いずれも砲器充実ニ有之、其上砲類軽弁ニ取扱、悉研究罷在候儀ニ付、右ニ対応仕候ニハ西洋諸州之塁営台場等を見合、土塁堅固ニ相立申度奉存得共、（中略）江戸内海御臺場等も西洋傳之形有之、今度西洋傳陣練をも被仰出、御筒打も追々彼製ニ御仕立相成候上者、臺場者勿論土塁等も同様之傳法ニ無之候而者、却而差支候儀も可有之と奉存候、（中略）右者西洋諸州陣法術書之内形容を省、防禦専務之仕法ニ基キ取調候ニ付、繪圖之面ニ而者異形ニ相見江候得共、出来之上、側より見請候ハバ、本邦城製矢懸り屈曲ニ、敢而異候儀ニも有之間敷、依之差向御取建可相成色分繪圖取調入御覧、此段相伺申候」と記され、西洋式土塁の方法を採用したことが記されている。これによって、フランスが提供した絵図面をもとに新たな役所（亀田御役所土塁）が築造されることになった。

弁天岬台場および五稜郭の設計

港湾防御として、弁天岬に砲台（台場）を設置し、内陸の亀田の地に役所を移転することが決定したことから、さっそく、それぞれについて設計が行われることになった。この設計を命ぜられたのが、箱館奉行支配下であった武田斐三郎成章である。

武田斐三郎は、伊予国喜多郡大洲村（現愛媛県大洲市）出身で、一八四八（弘化五）年に大阪の緒方洪庵塾に入塾し、蘭学を学んでいる。その後、一八五〇（嘉永三）年には江戸の伊東玄朴の門下生となり、さらに佐久間象山に学んで砲学を習得している。また、翌年には箕作阮甫塾へ入門するなど蘭学修業に勤しんでいる。一八五三（嘉永六）年、浦賀に赴き黒船を調査したことが契機となり、幕府旗本格の通辞御用の役付けに命ぜられた。そして一八五四（安政元）年に長崎のロシア船御用取扱を勤めた後、松前蝦夷地へ御用として出張した。箱館においてペリー通辞応接を行う一方で、堀織部正の北蝦夷地調査に同行するなど、蘭学はもとより、西洋の軍学に長けた斐三郎が必然的に台場などの設計を担当することになっ

図4　蘭学者武田斐三郎

た。

弁天岬台場と五稜郭の設計にあたっては、前述のとおりフランスから紹介された砲術書や稜堡土塁絵図面を写し取ったものを基にしている。それは、一八五七（安政四）年の土佐藩士に対する斐三郎の発言に明確に記されている。その内容は、「又将営亀田砦砦（塁）一拠仏蘭察様式、加以修飾、蓋得之去歳舶来仏夷矣」（昨年フランスから得たフランス様式の土塁を基に修飾を加えて、亀田砦—五稜郭を設計した）というものであった。

弁天岬台場の築造

築造工事は、港湾防備の重要性から弁天岬台場を先行する形となり、一八五六（安政三）年十二月に着工した。弁天岬台場の着工時期は冬場であり、また設置場所も海面上であったことから、埋立工事をともなうなど、難工事となった。

台場の基礎となる石垣は、函館山の立待岬辺りから切り出された安山岩をソリや船で運び使用した。この石垣工事は、江戸で品川台場の石垣工事を担当した石工・備前の喜三郎が請け負い実施された。難工事ではあったが、市中に近いことと労働力を得やすいこともあって、一八六〇（万延元）年九月には石垣が完成し、一八六四（元治元）年九月竣工となった。

この台場の形状は、不等辺六角形となる六稜郭の西洋式砲台といえるものである。全体規模は九八〇〇坪（約三万二三四〇平方メートル）、周囲三八〇間（約六八四メートル）で、築造費用は一〇万七二七七両を要した。当初計画おいて、弁天岬台場には二四斤砲五〇梃を配備する予定であったが、最終的な数量は不明である。しかしながら、弁天岬という箱館港の先端部に堅牢な軍事的要塞が出現したことになり、重要課題の一つである港湾防備の目的はほぼ達成されることになった。

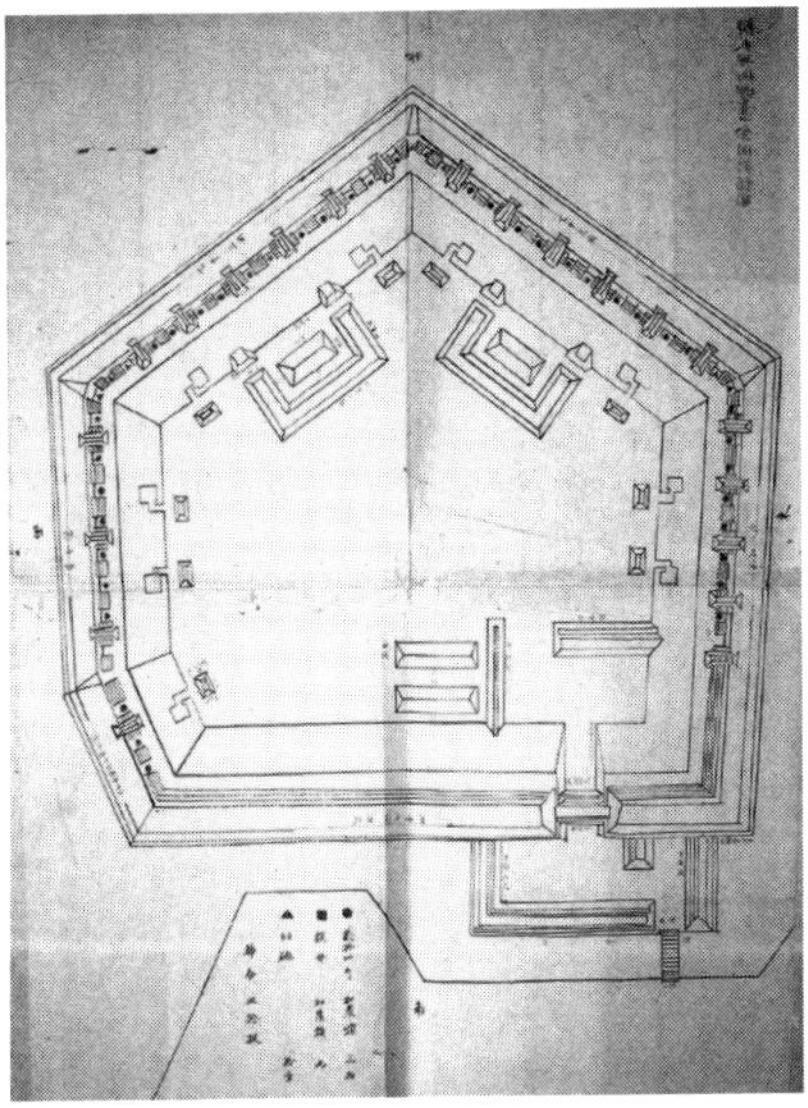

図5　弁天岬台場平面図

五稜郭の築造開始

弁天岬台場の着工から五カ月後の一八五七（安政四）年五月、亀田の地において御役所土塁（五稜郭）の工事に先立つ測量が、武田斐三郎らにより実施され、縄張りが決定した。同年七月から、第一番目の工事として惣堀の掘割工事が行われた。この工事は、蝦夷地御用方であった越後の松川弁之助が請け負い、翌年十月までに掘割とその揚げ土で、一重の土塁を築き完成をみている。

ところが、当該地はもともと谷地を埋め立てた脆弱な場所であることと、冬場の寒さによる凍結・融解によって、掘割の壁面が崩落するという事態が発生した。このため、当初計画において「五稜郭惣堀両岸二重土塁穴堀等悉石垣築立」の予定を大幅に縮小し、かつ役所や役宅建設後に石垣を設置するという計画も困難となった。そこで、急遽予定を早めて、土塁崩落防止目的に石垣工事を実施する運びとなった。

この石垣工事は、弁天岬台場と同様に、備前の喜三郎が請け負い、一八六〇（万延元）年末頃までにはおおよそ完成するところとなった。しかしながら、石垣裏込め等の控えの大きさも不十分な状況であったため、まもなく孕み出しの原因等により石垣の一部が崩落する問題が生じ、ただちに修理工事が行われる結果となった。

なお、五稜郭の石垣については、弁天岬台場と同様に、函館山麓の立待岬から切り出した安山岩の一部を使用している。立待岬産出の石は、石垣隅石のみに適用し、野面となる大半の石については、五稜郭北側の赤川もしくは神山方面から切り出した石が使用されていたといわれている。

役宅および役所の建設

一八六〇（万延元）年頃に防御施設としての土塁・堀・石垣などの建設工事がほぼ完成することとなったが、その一方で一八五六（安政五）年から五稜郭の北側の区画では、役宅の地割りが開始され、組頭以下同心までの役宅や長屋などの建設が開始された。

この建築工事は、江戸小普請組の中川伝蔵（代理人伊兵衛）が請け負い、一八六〇（万延元）年十一月支配定役の役宅三〇軒が完成した。その後、組頭、調役、定役元〆以下の計一六軒も順次建設されるようになり、五稜郭北側の原野は支配向役宅エリアとして大きく変容を遂げることになった。

一八六一（文久元）年、役宅と同様に中川伝蔵（代人伊兵衛）が工事を一手に請け負うことになり、五稜郭内の箱館御役所（箱館奉行所）建築工事開始の運びとなった。役所の建設にあたり、松・杉・ヒバなどの建築用材木を秋田の能代で下拵えして、その資材を箱館に回漕するという、経費節約と工程の短縮が図られることになった。

実際の建築工事は一八六二（文久二）年から開始となったが、同年七月に箱館奉行の在勤が家族連れの在住に変更されたことにより、役所奥向きの模様替えを急遽行う必要が生じ、当初の計画よりさらに工期が延びることになった。

五稜郭竣工・新役所の業務開始

築造開始から約七年を経過した一八六四（元治元）年四月、五稜郭内の役所がほぼ完成となったため、御勘定方や御目付方の立合いのもとで、出来方の見分が行われた。その結果、役所の引き移りには支障のない状況となったことから、同年六月十五日をもって、箱館奉行小出大和守秀実により、箱館山麓の役所から五稜郭内の新役所に移転し、新役所の業務が開始された。

ここに、正式に五稜郭は「箱館御役所」として蝦夷地における政治的中心地としての役割を担うことになった。また、これにともない、五稜郭の区画を示す防風林や庭木のアカマツが植樹されたほか、郭内の付帯工事も順次行われた。その結果、すべての工事が完了したのは二年後の一八六六（慶応二）年のことである。

大政奉還による徳川幕府崩壊

箱館奉行小出大和守がロシアとの国境問題解決のため、遣露使節としてペテルブルグに赴任した後を受けて、一八六六（慶応二）年、杉浦兵庫頭誠が箱館奉行に着任した。この後、薩摩長州両藩に討幕の密勅が出されたことにより、一八六七（慶応三）年に一五代将軍徳川慶喜が将軍職を辞して、政権を朝廷に返還する「大政奉還」となり、徳川幕府は崩壊した。

この報を受けた杉浦奉行は、朝廷から蝦夷地差し上げの命令があった場合でも、江戸幕府からの

図6　最後の箱館奉行杉浦誠

下知があるまで従わず、聞き入れない場合には五稜郭に籠城の上、血戦もやむを得ない覚悟であった。しかしながら、最終的に朝廷の命令を受け入れ、蝦夷地を引き渡すことに決定した。

幕府から明治新政府への引き継ぎ　一八六八（慶応四）年閏四月二十六日午後、杉浦奉行と明治政府判事の小野淳輔との間で五稜郭管理引き継ぎが行われた。そして、翌二十七日に五稜郭へ出頭した杉浦兵庫頭は、奉行所庁舎内一の間において明治政府の清水谷公考総督と対面した。このように、最後の箱館奉行となった杉浦誠の尽力により、蝦夷地全島が整然と新政府へ引き継がれることになったのである。

五稜郭での業務開始以来、わずか四年足らずで箱館御役所（箱館奉行所）はその幕を閉じることになり、新たに明治政府の役所としてのスタートが切られた。

箱館裁判所・箱館府の誕生　一八六八（慶応四）年五月一日、五稜郭において箱館裁判所が開庁した。箱館裁判所を箱館府に改称し、清水谷公考を府知事として、引きつづき五稜郭において蝦夷地開拓の役割を果たすことになった。なお、このときの上層部は京都から清水谷に随従してきた者があたり、下級職は箱館奉行所時代からの役人の多くがそのまま継続した形がとられた。このため、業務の内容は以前のものとそれほど変わることはなかったようである。

箱館裁判所開庁直後の五月四日、幕府軍艦回天が箱館港に入港するというできごとが生じた。実のところは、箱館奉行所役人のなかで希望する者を江戸へ運ぶ目的であったため、裁判所側も最終的には承諾することとなった。しかしながら、その主導的役割を果たしたのが、回天艦長甲賀源吾と軍艦頭荒井郁之助という後の箱館戦争にかかわる二名の人物であることに、別の使命があった可能性がある。この二名は、上陸後に杉浦誠と会談し、三日間の滞在の後の五月七日に江戸へ向けて出帆したが、もしかすると当時の箱館港、五稜郭、弁天岬台場などの情報を得ていたのではないだろうか。あるいは、約半年後の旧幕府脱走軍の蝦夷地上陸に直結するできごとであったのかもしれない。

2　激動の箱館戦争

蝦夷地上陸　一八六八（明治元）年八月、品川沖を脱走した旧幕府海軍副総裁榎本武揚率いる旧幕府海軍主力艦八隻が、途中の仙台で旧幕府脱走陸軍と合流し、同年十月二十日、国際貿易港となっていた箱館での戦闘を避け、箱館の北側約四〇キロにある噴火湾内の鷲ノ木（現森町）へ到着し、上陸を果たした。

旧幕府脱走軍は、箱館府を通じて朝廷に対して嘆願書の提出を試みたが、受け入れられることなく、反対に賊軍としての追討令が出されたため、交戦の意を決することになった。この後、脱走軍は川汲峠ルートと峠下ルートの二手に分かれ、ともに箱館を目指して進軍することになり、各地において順次、箱館府兵を撃破した。

図７　旧幕府脱走軍榎本武揚

五稜郭の占拠

箱館府知事清水谷は、自軍の敗走の知らせを受け、十月二十五日に密かに五稜郭を脱出し、青森へと退却した。

そして、翌二十六日、旧幕府脱走軍は五稜郭に侵入することになった。このときの五稜郭内は、大鳥圭介の『南柯紀行』に「予も兵隊と共に裏門より郭中に入りしに敵一人も無く、（中略）各種の書籍塁処々に散乱し、兵粮弾薬も許多積み重ね胸壁上には二十四斤砲四門備えたれども、射的の用には供し難し……」と記され、ほとんど無人であることに加えて、土塁上に使用不能の大砲が存在するだけの状態であったため、容易に占拠する結果となった。

この反面、無防備に近い状態を改造し、五稜郭を要塞化することが急務となった。このことについて大鳥は、「五稜郭の築造未だ全備せず、有事の時は防禦の用に供しがたきを以て、昨冬以来之を修理することに取懸りしが、積雪中にて土地凍冱堅きこと鉄の如くなれば、之を掘開くこと甚だ難し、去れども工兵士官并に兵卒の日夜勉力に由て、周囲に楊柳を以て柵壁を作り、堤上より土の崩潰するを防ぎ、大砲を据付け、又濠外にも堤を築き、表裏の両門にも幾重にも胸壁を築き、頗る金を竭して、三月の初めに落成せり」と、五稜郭の改造について伝えている。改造工事は真冬の期間であり、寒さと凍土との闘いのなかで行われ、

図８　旧幕府脱走軍大鳥圭介

土塁上に大砲を設置するなど軍備の強化が図られた。このように一応防禦の形態が整い、奉行所時代とは異なった要塞五稜郭が出現することになったのである。

蝦夷地仮政権の樹立

五稜郭の占拠を境に、旧幕府脱走軍艦隊が箱館港へ入港し、五稜郭や弁天岬台場を擁する箱館は旧幕府脱走軍の占領下となった。

箱館を占領した旧幕府脱走軍は、次に松前藩の出方をうかがう一方で、松前地方の制圧のため進軍し、福山城下は完全に脱走軍の手中に帰することになった。この後、敵状視察に箱館港を出港した脱走軍旗艦の開陽は、十一月十五日、暴風雪のため江差沖で座礁し、数日後には海底に没して、脱走軍の海軍力にとって大打撃を被ることになった。

箱館市街をはじめとして、道南方面をほぼ制圧することになった旧幕府脱走軍は、朝廷からの蝦夷地開拓の許可が下りるまでの措置として、士官以上による入札を行った。そして、総裁榎本釜次郎、副総裁松平太郎、海軍奉行荒井郁之助、陸軍奉行大鳥圭介、陸軍奉行並土方歳三、箱館奉行永井玄蕃、松前奉行人見勝太郎、江差奉行松岡四郎次郎、開拓奉行沢太郎左衛門、会計奉行榎本対馬、川村録四郎などの各役職を決定し、蝦夷地仮政権を発足させた。

図 9　旧幕府脱走軍旗艦開陽丸

図10　軍事顧問団のフランス士官と旧幕府脱走軍将校

また、旧幕府脱走軍には、幕府の要請で来日していたフランス軍事顧問団一行が参加しており、副団長ジュール・ブリュネとその下士官らは、海岸線防御や陣地の指導、陸軍の再編と訓練について、旧幕府脱走軍の指導を行うなど、箱館戦争に多大な影響を与えることとなった。

宮古湾の攻防、軍艦甲鉄奪取作戦

明治新政府の反攻に備えて陸地の防備を進めた脱走軍は、新政府軍艦隊が宮古湾に集結する情報を得て、旗艦ストンウォール・ジャクソン（甲鉄）の奪取計画を実行した。一八六九（明治二）年三月、脱走軍艦隊の回天、蟠龍、高雄の三隻が箱館港を出港したが、途中の暴風のため、結局のところ回天のみが宮古湾に到着することとなった。そして、甲鉄艦奪取のため奇襲作戦を展開したものの、回天艦長甲賀源吾をはじめ多数の死傷者を出すなど失敗に終わった。この作戦の敗北は、最終的に両軍の海軍力の決定的な差に結びついてゆくことになる。

明治新政府の反攻開始

一八六九（明治二）年四月、日本海沿いの乙部に上陸した新政府軍は、脱走軍を上回る戦力を備えて江差・松前を制圧し、三方から箱館へ向かって進攻することとなった。

松前福山城を奪回した新政府軍は、そのまま東進し木古内（現木古内町）まで進軍した。同月十三日には、二股（現北斗市）で土方の隊と一進一退の激戦となり、戦闘は二十九日までつづいた。この後に新政府軍が土方隊後方の矢不来（現北斗市）を陥落させたことにより、土方隊は箱館方面へと撤退を余儀なくされた。

旧幕府脱走軍では、新政府軍進攻の報を受けて、五稜郭の北東にあった東照宮守備のため、その北側一キロ地点に西洋式土塁の四稜郭を急造するなど、防戦の構えをよりいっそう強化するようになった。

箱館総攻撃

各地での戦闘に勝利した新政府軍は、武器の補給を行い有川周辺に陣を構え、五月十一日に箱館総攻撃を開始した。そして、早朝より、大川・七飯、有川、七重浜、箱館山の背後など陸と海の両面から箱館に進攻した新政府軍は、短時間の間に箱館市街を制圧するところとなった。

急造した四稜郭も早々に陥落するなど、その包囲網を狭められた脱走軍は、五稜郭、弁天岬台場、千代ヶ岡陣屋など数カ所の拠点を残すのみとなった。このため、五稜郭にいた新撰組副長土方歳三が弁天岬台場の救出に向かったが、一本木を通過して異国橋（現十字街付近）まであとわずかという所で、銃撃を受けて戦死することになった。こうして、弁天岬台場は孤立して、弾薬や兵

図11　新撰組副長土方歳三

糧が底をつく状態に陥った。

また、箱館港においては、新政府海軍の旗艦甲鉄以下、春日、朝陽、丁卯、陽春などの艦隊が、陸上作戦の援護射撃と弁天岬台場への攻撃を行うなど、圧倒的な海軍力を示すことになった。一方、脱走軍艦隊はこの時点では浅瀬に乗り上げて浮き砲台となった回天と蟠龍のわずか二隻であった。その蟠龍も一時は朝陽を撃沈するなど奮闘したものの、最終的には浅瀬に乗り上げて、脱走軍艦隊は全滅することになり、制海権は完全に新政府軍が握ることになった。

五稜郭からの反撃

箱館総攻撃が行われていた際の五稜郭は、土塁上に配備した二四斤カノン砲から七重浜方面の援護射撃として発砲を試みている。しかしながら、カノン砲の射程距離も短く、港湾付近まで達することなく、空しく亀田付近にその砲弾が落下するばかりであったといわれる。箱館戦争時における五稜郭の戦闘記録はわずかにこのときのものだけであり、軍事的な要地とはなり得なかった参謀本部としての五稜郭は、まさに陸の孤島と化したものとなった。

また、同日の夜に「此夜郭外ニ邸第数十軒アリシヲ盡ク火ヲ放チテ焼キ以テ籠城ニ便ナラシム」と丸茂利恒の『函館戦史』にあるように、五稜郭

図12　後役十一日戦争五稜郭より発砲応援之図（東京農業大学図書館蔵）

北側の役宅に火を放って焼き払い、籠城に備えるという、脱走軍にとってはまさに非常事態に追い込まれることになった。

五稜郭への艦砲射撃

弁天岬台場もその機能をまったく果たさなくなった五月十二日に、箱館港に停泊した新政府軍艦甲鉄から、五稜郭へ向けて艦砲射撃が開始された。甲鉄から発射された砲弾は、七〇斤施条砲弾であり、その威力は、港湾から約三キロ以上離れた五稜郭に楽々と届くほどのものであった。最初のうちは命中率が悪く、バラツキがあったが、しだいに正確に郭内へ着弾するようになった。どうやら、五稜郭内の役所の太鼓櫓の銅葺屋根が目標となったようで、やがてはこの太鼓櫓に命中して多くの死傷者を出すこととなった。

　このできごとからわかるように、箱館開港にともない港湾から射程距離外に設置したはずの五稜郭であったものの、開港後の十五年間における大砲の進化はいちじるしく、射程距離は飛躍的に伸びていた。対外国からの防備のために築造された五稜郭が、皮肉にも国内戦により軍事的な要塞ではなかったことを証明する結果となった。

五稜郭の明け渡し

五月十五日、弁天岬台場が降伏し、翌十六日には中島三郎助父子が最後の戦いとして立て籠もった千代ケ岡陣屋においても、ほぼ全員が戦死を遂げるなど陥落することとなった。五稜郭の榎本武揚は、すでに勝敗が決していることを察し、十七日に降伏する旨を新政府側に通知した。

そして、十八日に榎本武揚、松平太郎、荒井郁之助、大鳥圭介の四名が亀田会議所（亀田八幡宮）へ出頭して降伏調印が行われ、その後に箱館へ護送された。また、郭内の脱走軍一〇〇〇人も箱館へ護送されて称名寺などに収容された。さらに郭内では武器の引き渡しが行われ、降伏式は終了した。最終的に引き渡された武器の内容は、「元込銃合百七挺内十三発込一挺［スナイトル］三十一挺七発一発合セテ九十九挺長元込七挺。［ヒストール］四十八挺。二ツ［バント］三ツ［バント］［ミュー］銃合千六百挺。長加農二十四斤砲九門。四斤施條砲三門。加農十二斤砲一門。短忽微砲二門。亜ホート忽微砲三門。十三拇臼砲十六門。外弾丸。米五百俵餘外味噌并干魚其他書籍蒲団雑具類」というものであった。

こうして、五稜郭が明け渡され、約七カ月におよぶ箱館戦争が終結することになった。

3　箱館戦争終了後の五稜郭

五稜郭はふたたび明治政府が所管

箱館戦争終了の後に、五稜郭はふたたび明治政府の兵部省

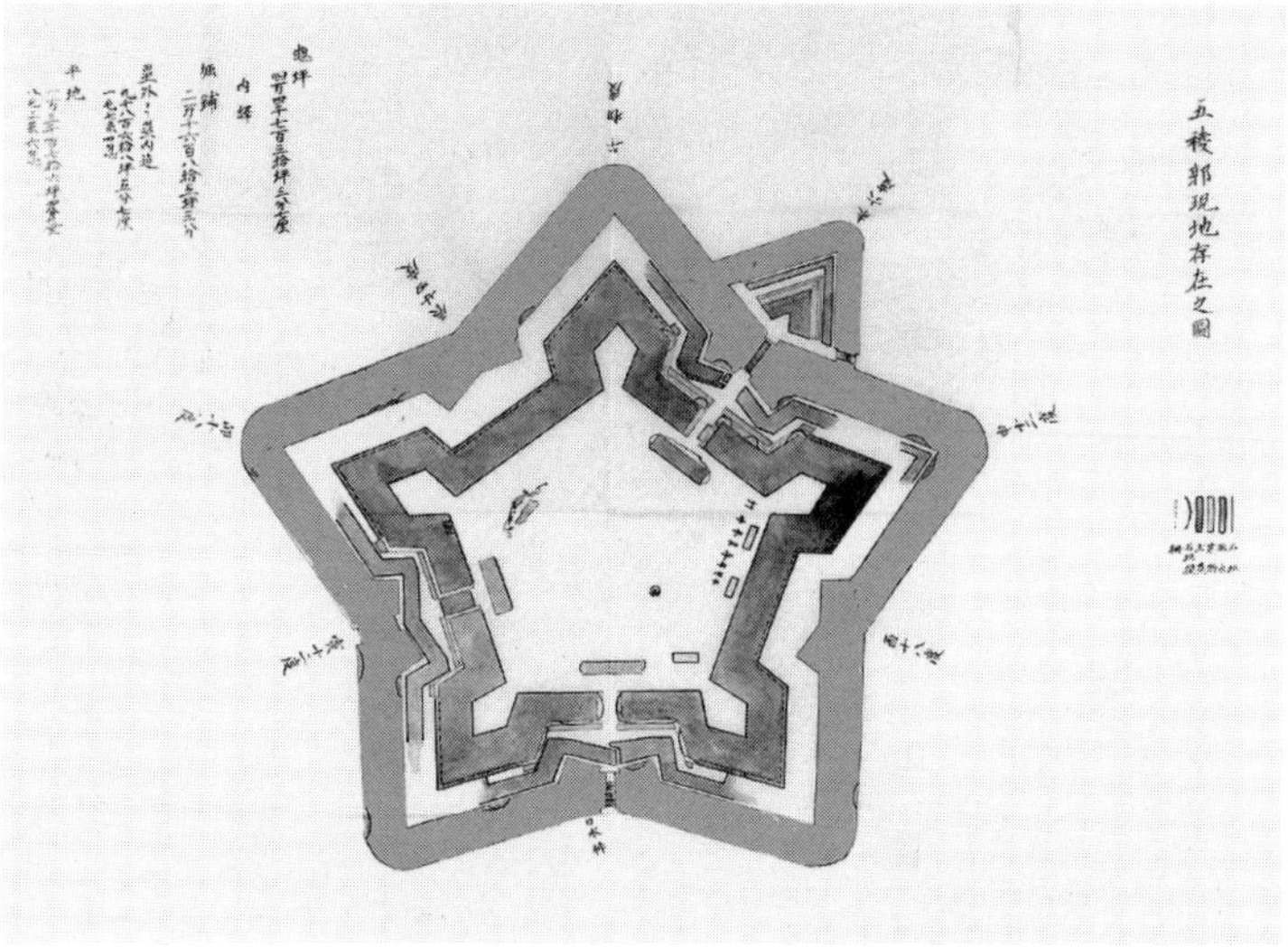

図13　五稜郭現地存在之図（1874年１月測量）

の所管するところとなった。しかしながら、五稜郭を行政府として利用することはなくなった。

一八七一（明治四）年、札幌に北海道開拓使本庁舎を新築するための材料の目的で、奉行所庁舎および付属建物の多くが解体された。ところが、解体された奉行所庁舎の材木については、札幌に送られることはなく、札幌本道の築造関係に使用されたり、函館区内の蓬莱遊廓などの建設材として払い下げられることになった。

こうして、郭内の庁舎建物建設からわずか七年ほどでその姿を失うことになり、ほとんど土塁、石垣、堀などの外郭施設が残る程度となった五稜郭は、一八七二（明治五）年の兵部省廃止にともない、一八七三（翌六）年から陸軍省所管となった。これ以降は、五稜郭がとくに軍事的な要地ではなかったこともあり、新たな施設の建設もなく、中央広場を練兵場に利用するに止まっていた

図14　五稜郭の氷切り（五稜郭絵葉書）

ものとみられる。

このように、明治時代の陸軍省の厳格な管理のもとで、積極的な利用も少なかったため、結果的には良好な姿で五稜郭跡の保存が図られることになった。

また、冬期間の五稜郭の堀で結氷した「函館氷」の製造が、一八七〇（明治三）年から中川嘉兵衛の手で行われるなど、役所関係者以外の利用も現れ始めた。しかしながら、明治の時点ではまだ民間人が自由に五稜郭に立ち入ることのできる状態にはなっていなかった。

五稜郭を公園として開放

一九一三（大正二）年、函館区長から陸軍大臣あてに五稜郭を公園として無償貸与してほしい旨請願書が提出された。その内容としては、第一に五稜郭が古戦場として北海道でも著名な史跡であるにもかかわらず、多くの一般人が観覧を希望しても立ち入ることができない状況にあること。また、函館区の繁栄の勢いが東部地区に進展しつつあるなかで、唯一の行楽機関として南西部の函館公園があるのみで、東部地区に公園の増設が必要なこと。それには、五稜郭が最適な場所であるとしている。

この請願に対して、築城部本部長からは管理にかかわる厳格な条件付きでの使用許可が出されている。第一に、使用許可当時の原形を変更することは認めないこと。最小限の便益施設の設置や新たな樹木の植栽は、すべて函館要塞司令部の許可

図15　古戦場函館五稜郭公園榎本将軍ノ井戸（五稜郭絵葉書）

が必要としている。また、借用期間中の土地・建物等の保存の責任と費用については函館区が負うものとされている。さらには、外濠に近づかないように埒《らち》（柵）を設けることなど、現在にそのまま残る形状も定められている。

　このように、五稜郭内は一九一四（大正三）年から公園として一般に開放される運びとなったが、明治時代とほとんど変わらないきびしい規制の下に置かれての利用であった。新たに加えられたものとしては、公園になった直後に植樹された桜があるが、それ以外には、大きな建造物が建てられるなどの改造が加えられることもないなかでの利用がなされていた。

史跡五稜郭の誕生

　一九二二（大正十一）年三月、五稜郭は史跡指定を条件に内務省に所管替えとなった。この後、十月には、徳川幕府の箱館奉行所跡で、土塁や石垣など遺構の保存もよく、洋式築城法により築造された幕府の重要な遺跡であるとして、史跡名勝天然記念物保護法のもとで国の史跡として指定された。これにともない、一層の保護・保存が図られることになった。

　また、翌年十二月には、函館市が管理団体に指定されている。さらには、一九二九（昭和四）年四月に、堀の外周の長斜坂も追加指定され、五月には文部省の所管となった。

さらに、一九五〇（昭和二十五）年の文化財保護法制定にともない、一九五二（昭和二十七）年三月二十九日付けで、全国の著名な史跡とともに、北海道では唯一の国指定の特別史跡となった。そして、この頃から五稜郭内の箱館奉行所の再現をのぞむ声が一部に出始めることになるが、まだ具体的な動きにまではいたらなかった。

北洋漁業再開記念大博覧会の開催

一九五四（昭和二十九）年、北洋漁業再開を記念した大博覧会が函館で開催の運びとなった。この際、函館公園の第一会場とともに、五稜郭跡もその第二会場としての役割を担うことになった。すでに、この時点では特別史跡に指定されており、現状変更はきびしいものであったが、将来的に箱館奉行所を復元するための十分な資料を得ていることを理由として文化財保護委員会から許可が出されている。そして、郭内に各種の建築物が設置されて、博覧会が挙行された。

このときの建物については、博覧会終了後にほとんどが撤去されたなかで、唯一残された物産館の再利用が図られ、一九五五年から市立函館博物館五稜郭分館となった。この後、中央広場は函館市内小学校の運動会および林間学校等の開催場所となるなど、各種イベント会場としての役割を果たすようになった。

このように、五稜郭跡は国有地であることと、早い時点で史跡、特別史跡としての保護の網がかけられていたこともあって、一部の改変を受けたものの、ほぼ当時の姿を良好なままの状態に保ち、現在にいたったということができよう。

五稜郭跡および周辺の現状

第二次世界対戦後の五稜郭跡周辺は、公園としての五稜郭以外には、まだ相当に空き地が目立つ状況にあった。そのなかで、星形五角形の特異な土塁の形状を観

表1　五稜郭・箱館奉行所関連略年表

西暦	和　暦	出　来　事
1854	安政元年	幕府、日米和親条約締結、下田・箱館の開港決定。 ペリー艦隊箱館入港。幕府、箱館奉行を設置し、箱館山麓に役所を開設。 箱館奉行、弁天岬台場の設置と役所の亀田移転を幕府へ上申。
1855	安政2年	幕府、福山付近を除く蝦夷地全域を直轄。 フランス軍艦コンスタンティーン号箱館入港し、西洋式土塁のモデルを教授。
1856	安政3年	弁天岬台場築造工事開始。
1857	安政4年	亀田御役所土塁（五稜郭）築造工事開始。
1859	安政6年	箱館開港。五稜郭北側に奉行所役人の役宅建設開始。
1861	文久元年	五稜郭内に御役所（奉行所）の建築開始。
1864	元治元年	弁天岬台場竣工。五稜郭竣工。 箱館御役所（奉行所）、箱館山麓から移転し、業務開始。
1865	慶応元年	箱館奉行、亀田在上山村に東照宮造営。
1866	慶応2年	五稜郭内付属建物の全てが完成。
1867	慶応3年	大政奉還。徳川幕府崩壊。
1868	慶応4年	箱館奉行所、明治新政府へ引き継ぎ、箱館裁判所・箱館府開設。
	明治元年	10月、旧幕府脱走軍、蝦夷地上陸。五稜郭を占拠。
1869	明治2年	旧幕府脱走軍、五稜郭北側の丘陵地に四稜郭を急造。 箱館戦争終結。五稜郭が明け渡され、明治政府兵部省が所管。
1871	明治4年	開拓使本庁札幌移転に伴う材木調達の目的で、五稜郭内の奉行所庁舎等の建物の大半を解体。
1873	明治6年	五稜郭、明治政府陸軍省所管、練兵場として使用。
1913	大正2年	五稜郭、函館区へ無償で貸与。
1914	大正3年	五稜郭、公園として一般に開放。
1922	大正11年	五稜郭、国の史跡に指定。函館区に市制施行。
1923	大正12年	内務省、史跡五稜郭跡を函館市に管理移管。
1929	昭和4年	史跡五稜郭跡の堀外周・長斜坂、国史跡に追加指定。
1952	昭和27年	史跡五稜郭跡、国の特別史跡に指定。
1954	昭和29年	北洋漁業再開記念北海道大博覧会開催、五稜郭跡も会場となる。
1983	昭和58年	五稜郭関連文献史料等調査・郭内遺構確認試掘調査開始。
1985	昭和60年	五稜郭跡内の奉行所庁舎跡等の発掘調査開始。（平成元年まで） 特別史跡五稜郭跡保存整備委員会発足。
1991	平成3年	特別史跡五稜郭跡保存整備基本計画策定。
1993	平成5年	五稜郭跡内の奉行所付属建物跡等の発掘調査開始。（平成12年まで）
1994	平成6年	特別史跡五稜郭跡保存整備委員会再開。
1997	平成9年	世界星型城郭サミット開催（9か国10都市参加）
2000	平成12年	箱館奉行所復元構想策定。
2001	平成13年	箱館奉行所復元計画策定。
2004	平成16年	箱館奉行所復元基本設計
2005	平成17年	箱館奉行所復元実施設計
2006	平成18年	特別史跡五稜郭跡復元整備事業（箱館奉行所復元工事）開始。

光資源として生かしたいという要望が出はじめ、一九六四（昭和三十九）年には、五稜郭跡隣接地に高さ約六〇メートルの五稜郭タワーが建設されて、数多くの市民や観光客で賑わいをみせるようになっていった。

　これに加えて、昭和四十年代後半頃には、函館市から亀田市への急速な人口移動にともなう形で、五稜郭跡の隣接地には民家等がほとんど隙間なく林立することになった。この結果、築造当時の原野のなかに存在する五稜郭のイメージから変貌し、現在見るような市街地が混在した状況となった。また、五稜郭跡北側に存在した役宅の区画も住宅地に変化して、当時の面影を示すものはほとんど喪失した状態となっている。なお、五稜郭築造当時の区画を顕していたアカマツの防風林は、風致保安林としてその一部が残されている。

　しかしながら、これが五稜郭を構成する要素の一つであったことを知る人はわずかである。

　五稜郭跡を訪れる人は、函館市民の場合、春の花見を始め、四季折々の憩いの場として恰好な都市公園のイメージが強くある。堀のある公園として、朝のラジオ体操、散策やジョギング、そして木陰での休息など、毎日の生活のなかに溶け込んでいて、歴史的な事象を意識する人は決して多くない。これに対して、観光目的の来訪者は、五稜郭跡の土塁の特異な形状に箱館戦争の古戦場としてのイメージを描いている。その結果、「何もない」「何もわからない」との苦言を聞くことが多くある。現在の五稜郭跡は、復元整備事業を開始したばかりであり、その苦言を払拭するまでにはいたっていない。整備完了までに本来の姿の再現を目指して取り組みを行っている現状にある。

　また、二〇〇六（平成十八）年に五稜郭タワーが高さ約九八メートルのものに建て替えられ、以前にも増して数多くの観光客で賑わいを見せるようになった。その一方では、特別史跡を取り巻く周辺環境のあり方に対していろいろな意見が出されるようになってきてもいる。史跡の保護・保存と活用、そしてまちづくりとの調和など、今後に大きな課題が残されている状況にあるといえよう。

Ⅲ　五稜郭関係の資料調査

1　資料調査の経緯

五稜郭は、徳川幕府直轄により幕末期に築造されたこともあって、比較的多くの資料が存在する可能性があった。一九八三（昭和五十八）年頃から、五稜郭を復元整備することを目的とする基礎的調査が開始され、その第一として函館市内に残存する五稜郭関係資料の予備調査が行われた。調査は、函館市教育委員会により市立函館図書館（現函館市中央図書館）・市立函館博物館所蔵資料の確認をすることから始まった。さいわいにも、函館図書館には私立であった大正期頃から館長の岡田健蔵が精力的に収集した文献や絵図関係資料が豊富に存在し、その内容も優れたものが少なくない状況にあった。

これにつづき、一九八四（昭和五十九）年度から歴史関係の学識経験者による「特別史跡五稜郭跡資料調査委員会」が発足し、五稜郭に関する古文書、古絵図の調査・収集が行われることとなった。本格的な史料調査は、北海道立文書館や国立国会図書館、東京大学史料編纂所などの幕末から

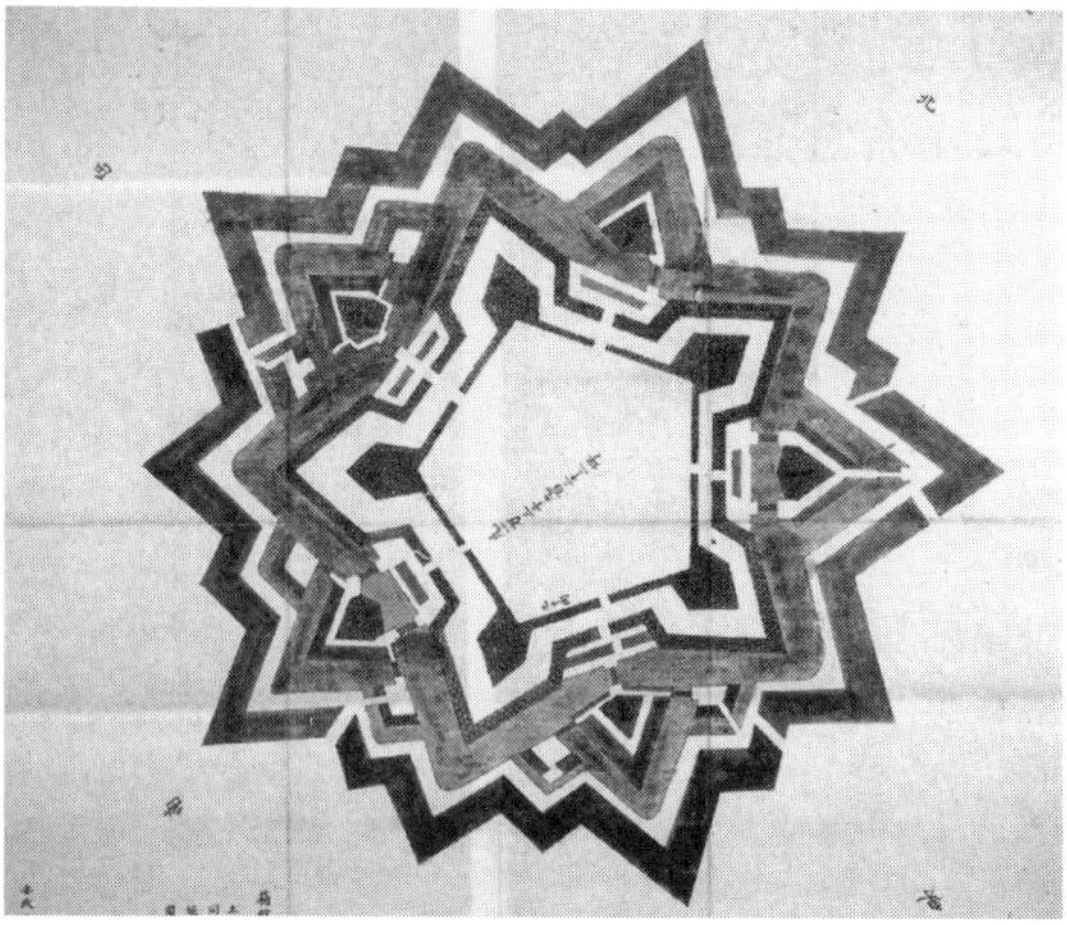

図16 『箱館柳野御陣営之図』

明治期における行政資料を多く所蔵する機関において実施された。これらの調査により、幕末から明治期にかけての五稜郭全体の平面図類、郭内の箱館奉行所庁舎関係平面図等の絵図面類、五稜郭内の箱館奉行所庁舎古写真、五稜郭築造および箱館奉行所庁舎関係の文献史料等が多数確認された。

2　五稜郭築造平面図資料

五稜郭全体の構造が描かれた平面図については、作成年次やその内容により、幕末期の五稜郭初期計画から最終・実施計画および明治初期箱館戦争後までの変遷をたどれる各種のものが存在している。

五稜郭の初期計画図面

一八五五（安政二）年のフランス軍艦将官による紹介図面および五稜郭設計者の武田斐三郎の草稿図面など、箱館奉行所の外郭施設として描かれた西洋式土塁の設計の変遷が読み取れる。

『箱館柳野御陣営之図』（市立函館博物館所蔵）

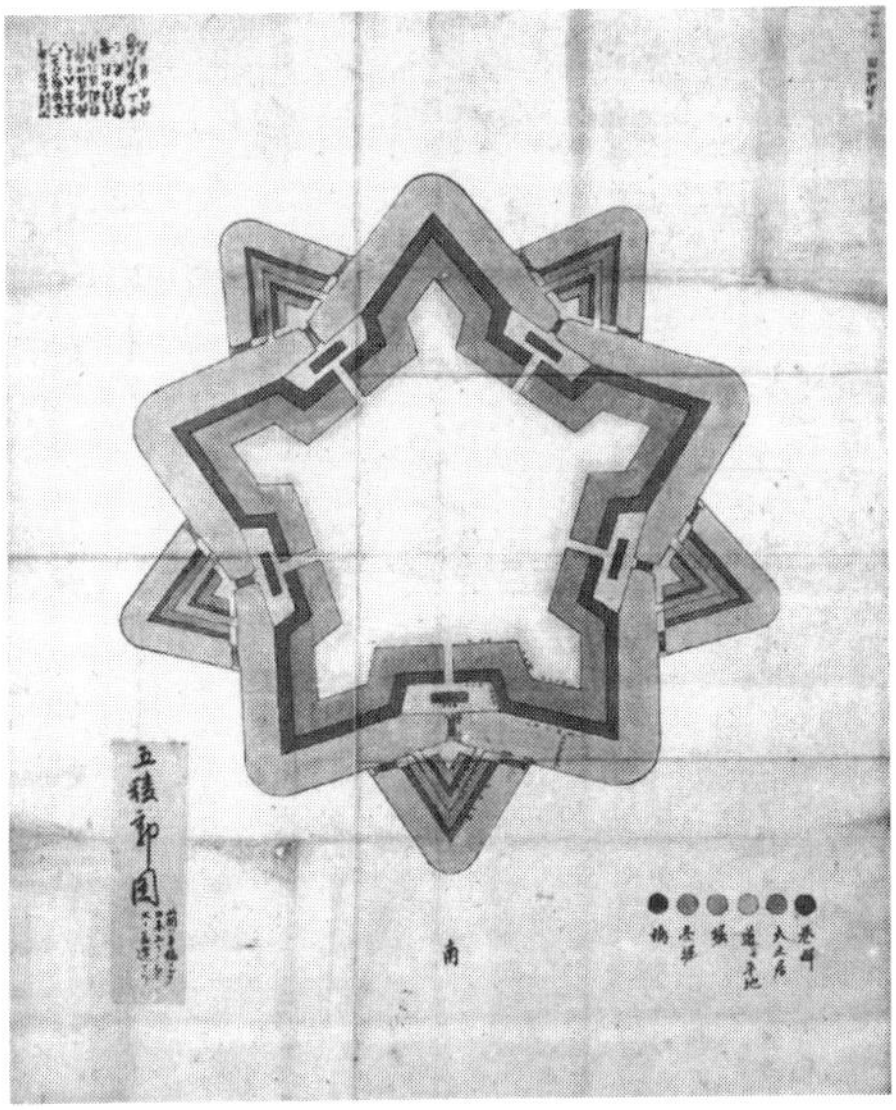

図17　『五稜郭初度設計図』

は、五稜星形の稜堡塁（石垣）が二重であることや、出入口箇所の見隠塁の存在、堀を挟んだ外周には半月堡塁と小堡塁が五カ所に記されるなど完成形の五稜郭とはかなりの相違がみられる。また、図面中に「安政三年丙辰三月写」とあることから、フランス人将官から箱館奉行に渡されその後に写しを取らせた図面の一枚であった可能性が考えられる。

『五稜郭初度設計図』（市立函館博物館所蔵）は、五稜郭設計者の武田斐三郎の直筆による絵図面と考えられている。この平面図は、斐三郎の姻戚である箱館の名主の小島家に所蔵されていたものである。斐三郎の談として「又将営亀田砦砦（塁）一拠仏蘭察様式、加以修飾、蓋得之去歳船来仏夷矣」とあるように、フランスから教授された図面をもとに修正を加えた形状が描かれている。半月堡塁が五カ所であることと、出入口の見隠塁の位置が完成形のものとは異なり、草稿図面であるが、ほぼこの平面図を原形として最終的な設計が立案されたものと推定される。

五稜郭の最終計画・設計図面　五稜星形で稜堡からなる西洋式土塁の外郭施設に加えて、郭内には箱館奉行所（御役所）庁舎を始めとする二十

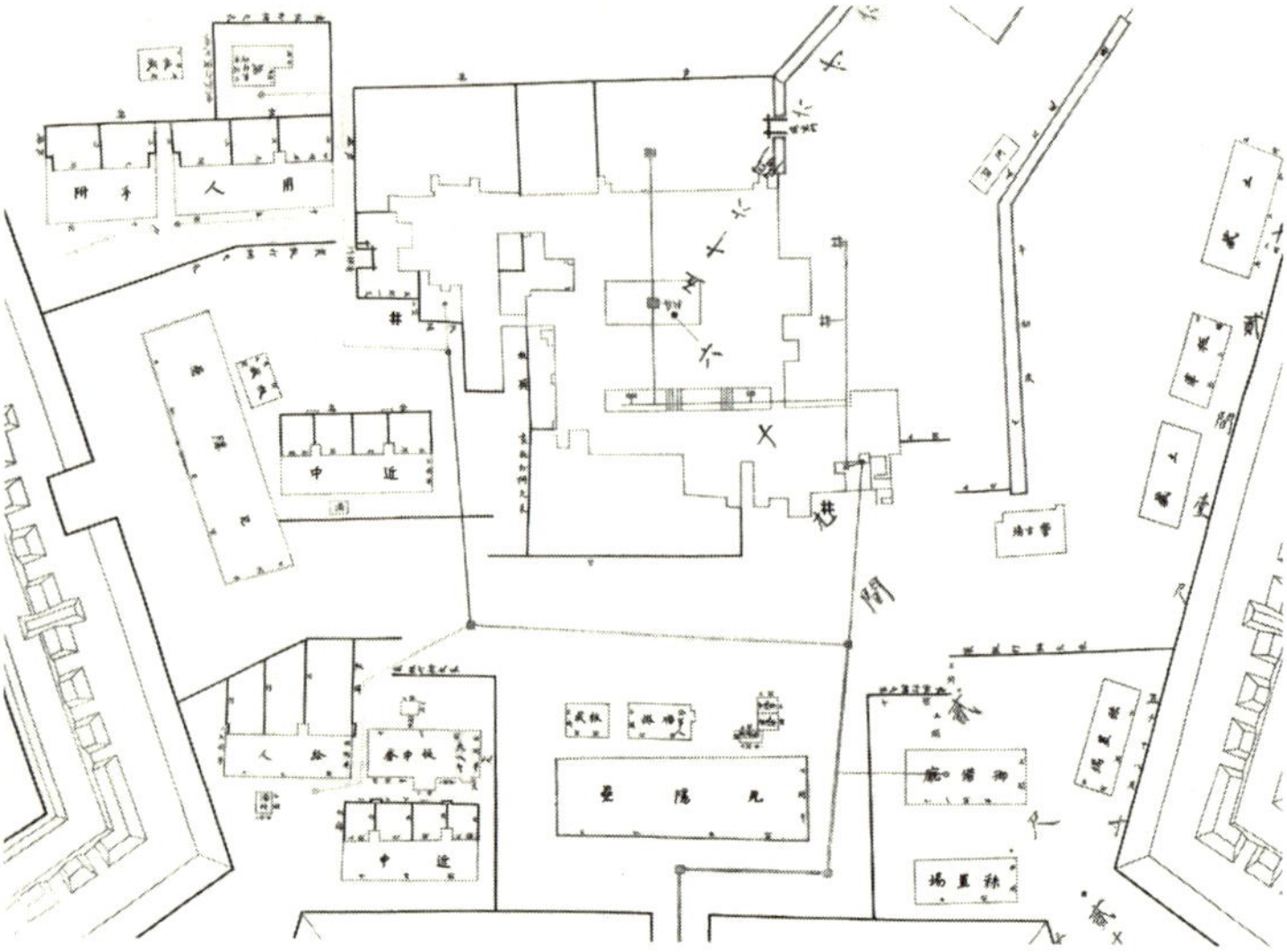

図18　『五稜郭平面図』（郭内部分）

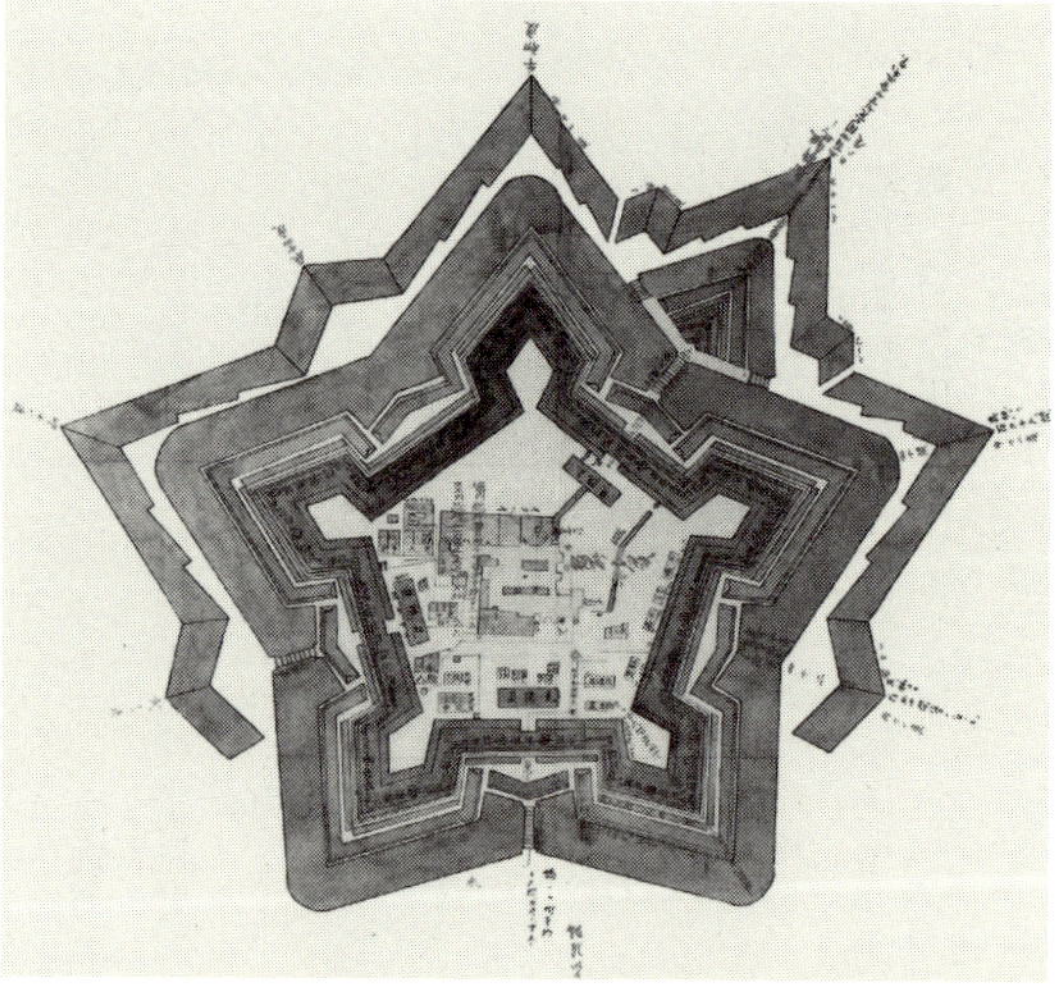

図19　『五稜郭目論見図』（「五稜郭創置年月取調書」所収）

棟あまりの付属建物が配置する平面図で、最終段階の計画図もしくは設計図とみられる。

　三種類の同様な平面図があるが、いずれもそれほど大きな違いはない。おそらくは、これらの図

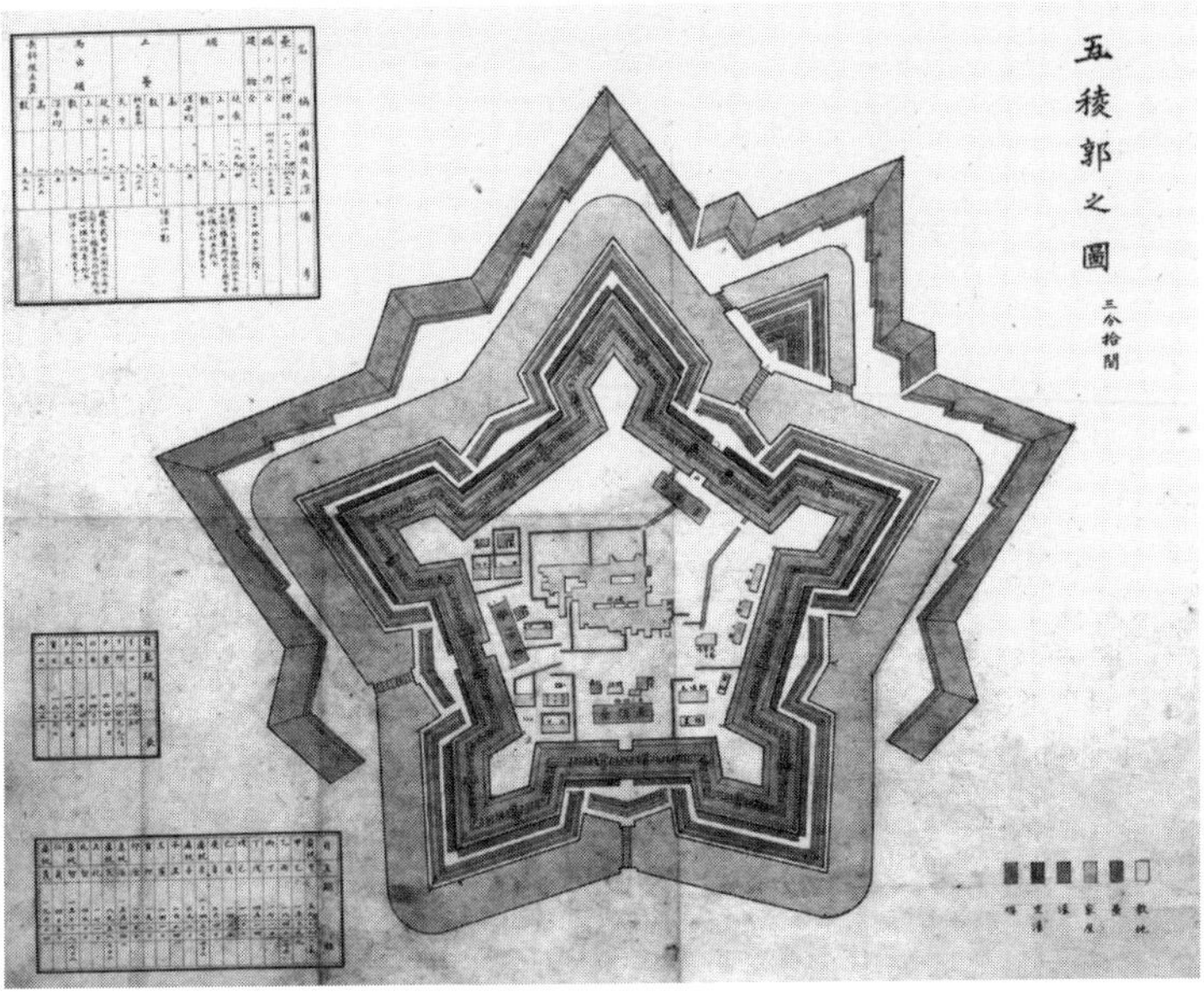

図20　『五稜郭之図』

面をもとに築造が行われたものと考えて問題ないと思われる。

『五稜郭平面図』（函館市中央図書館所蔵）は、三種類のなかでもっとも詳細な記述がみられるもので、とくに付属建物の大半にその名称が付されている。これに加えて、各付属建物の桁行および梁間寸法が記され、その規模を読み取ることができる。基本的に発掘調査の際には、この図面をもとに調査区を設定し、それぞれの遺構の検出を試みることになったものである。

『五稜郭目論見図』（函館市中央図書館所蔵）、『五稜郭之図』（市立函館博物館所蔵）の二枚については、ほとんど違いはみられず、『五稜郭平面図』にくらべてやや簡略化した内容となっている。しかしながら、建物個々の配置状況は同様であるため、図面としての信用性には問題ないものと思われる。

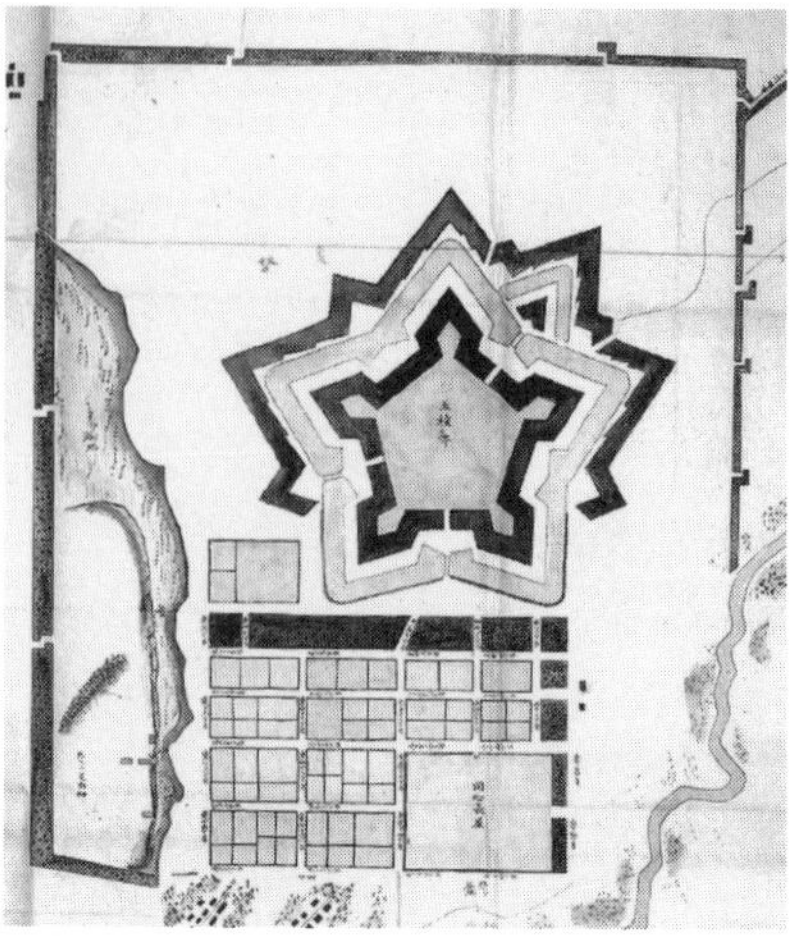

図21　『箱館亀田一円切絵図』

なお、これら三枚の平面図に描かれているものの、実施に移されなかった箇所がある。その一つは、郭内三箇所の出入口部に計画されたアーチ状の石積みである。また、土塁上も砲台が設置される予定であったが、結局のところ実行されず、最終的には計画図面からはずいぶんと縮小・簡略化されることになったようである。

五稜郭の全体エリア図面　『箱館亀田一円切絵図』（函館市中央図書館所蔵）は、天・地・人の三枚からなる一八六二（文久二）年頃の箱館や亀田を描いた全体エリア図である。ほぼ完成形に近づいた五稜郭に加え、搦手北側の役宅の区画割りの状況および外まわりの松の植樹帯などの様子が読み取れる。

この絵図と現在の地図を重ね合わせた時に、五稜郭跡はもとより、役宅区画の道路の形状や、アカマツの植樹帯の位置が部分的ではあるが現存するものと一致することがわかる。非常に精度が高い絵図面であり、奉行所としてのエリアを示すものとして貴重な資料であるといえる。

五稜郭内箱館奉行所庁舎図面　五稜郭内に建設された箱館奉行所庁舎建物の平面図であり、都合三種類のものが存在している。『亀田御役所絵図』（東京大学史料編纂所所蔵）

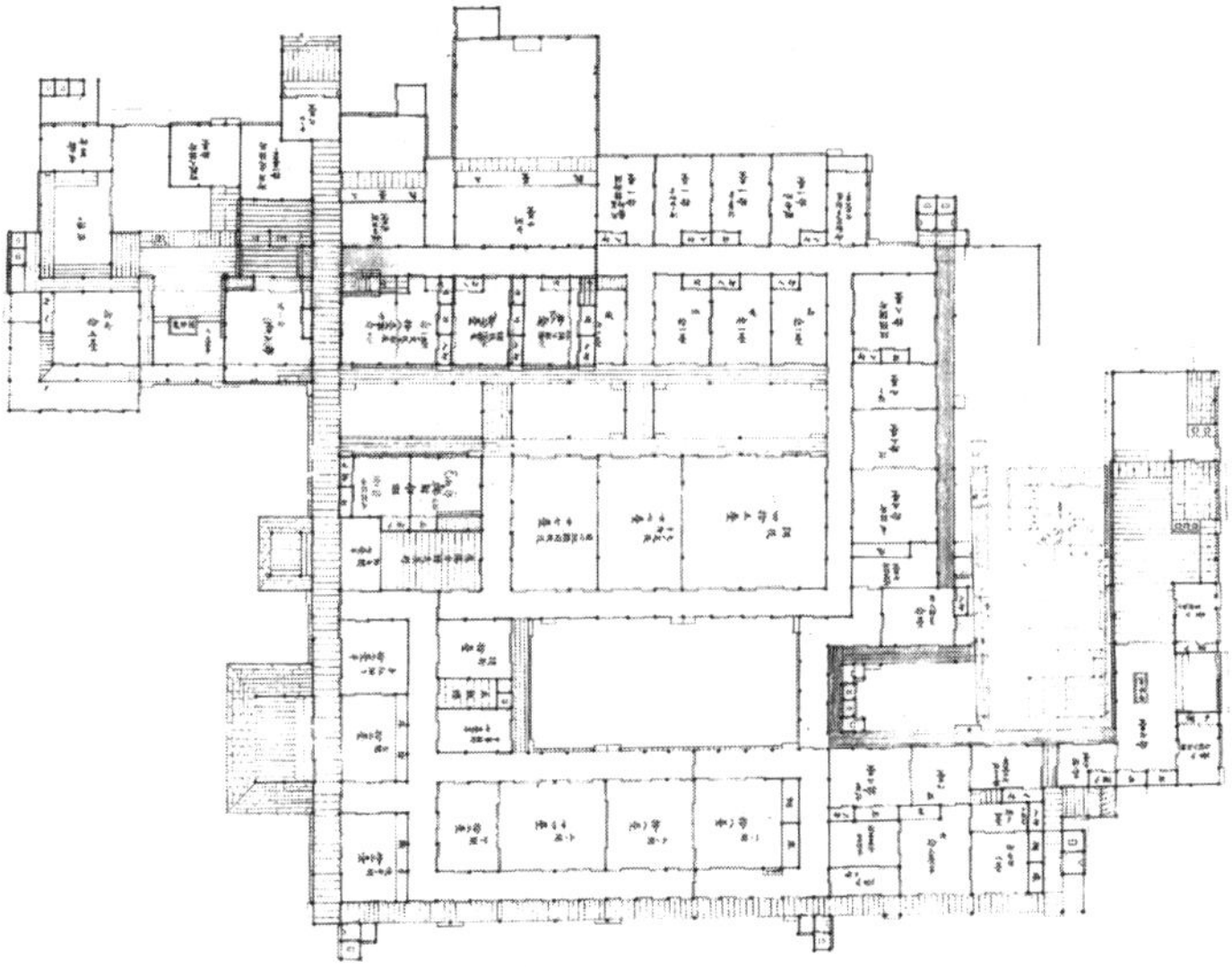

図22　『亀田御役所絵図』（東京大学史料編纂所所蔵）

は、四枚の平面図があるが、いずれも箱館奉行が家族連れで赴任することになったことにより、奉行所庁舎の役所部分に奥向の増築を計画した初期段階のものとみられる。四枚ともに役所部分の内容に相違点はないが、奥向部分についてはいくつかのパターンを示してはいるものの最終的な決定をみたものではない。奉行所庁舎建築計画の変遷をたどるものとしては貴重な平面図であり、なかでも、庁舎内の部屋名の表記など、他二枚の平面図では不足している部分を補足できうるものである。

『亀田御役所地絵図』（函館市中央図書館所蔵）は、奉行所庁舎全体の柱位置や部屋割りが正確に記され、また、二階部分の間取り等の表記もある。ただし、建物内の部屋名等の表記はみられない。縮尺割合も正確で、発掘調査データとの照合に最も適した平面図の一つである。

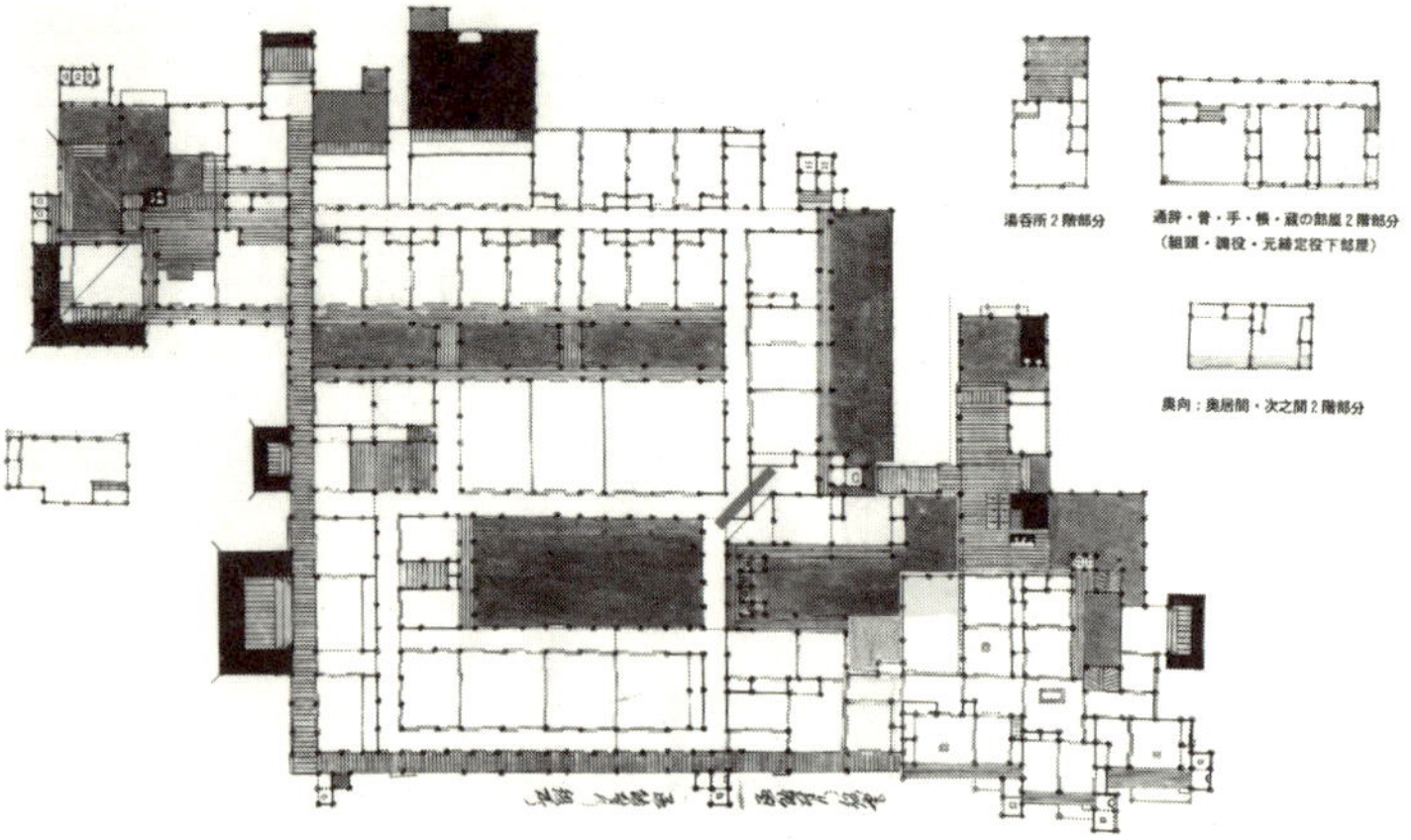

図23　『亀田御役所地絵図』（「五稜郭創置年月取調書」所収）

『五稜郭内庁舎平面図』（函館市中央図書館所蔵）は、『亀田御役所地絵図』と同様に、奉行所庁舎全体の柱位置や部屋割りが正確に記されている平面図で、また縮尺割合も正確であることから、発掘調査データとの照合に最も適した平面図の一つとなっている。

『御徒目付吉野源七郎諸控七』所収図面（東京大学史料編纂所所蔵）は、奉行所庁舎平面図および付属建物の詳細平面図を所収するものである。なかでも、付属建物（御備厩、手附長屋、給人長屋、奉行所厩、徒中番大部屋、仮牢など）の部屋割り、柱位置等を記載した数少ない資料となっている。

3　五稜郭内箱館奉行所庁舎古写真

幕末期に撮影された箱館奉行所庁舎正面側の古

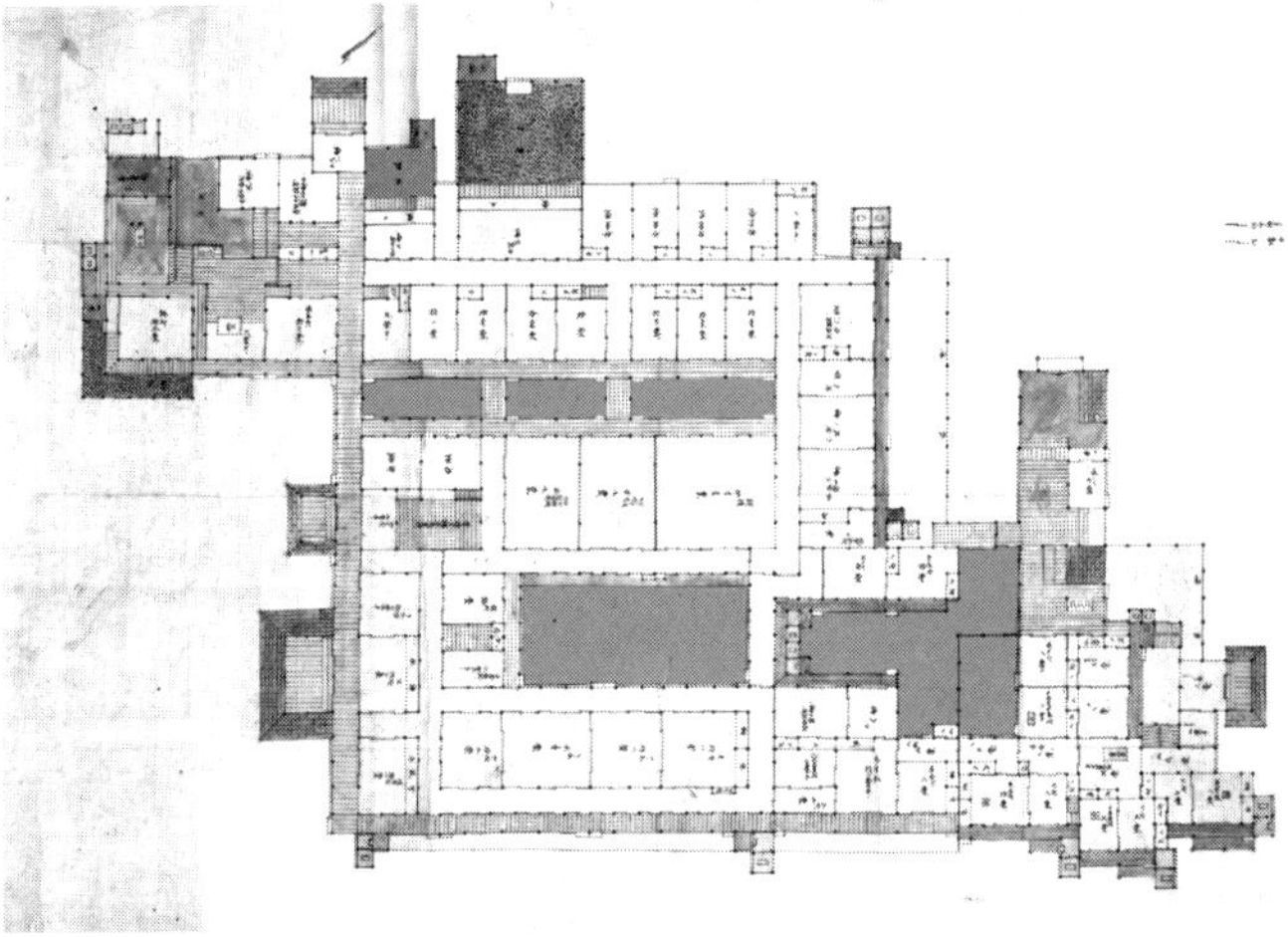

図24　『五稜郭内庁舎平面図』

写真で、二種類のものが存在する。

雑誌「江戸」掲載の古写真

函館市中央図書館所蔵の写真で（図25）、撮影された年月は不明であるが、玄関式台部分の冬囲いがなく、夏の時期と考えられる。南西方向から撮影されているが、撮影レンズの傾き等の条件もあって、上部の太鼓櫓の屋根部分が欠けている。庁舎手前の植樹の状況等から、一八六四（元治元）年の竣工当初に近い時期に撮影された可能性もあると考えられる。

慶応四年撮影といわれる古写真

石黒コレクション保存会所蔵の写真である（口絵4頁目参照）。鶏卵紙のもので、一八六八（慶応四）年にフランス人が撮影したと伝えられている。玄関式台等の冬囲いがあり、屋根の一部に積雪が見られることから冬期に撮影されたものと考えられる。

この写真は、幕末期のものとしては解像度も高

図25　五稜郭内箱館奉行所庁舎の古写真

く、建物に関する詳細な情報を読み取ることができる。また、写真解析により、建物の復元データを作製することが十分可能な状況にある古写真資料となっている。

なお、まったく同じカットで、写真左側の建物の棟が一部欠けている複製写真が、函館市中央図書館に所蔵されている。

4　五稜郭関係記載の文献史料

五稜郭に関する文献史料はきわめて数多く残されている。ここではそれらのなかから基本史料ともいうべき代表的なものを取りあげ、五稜郭全体に関するものと、箱館奉行所および付属建物に関するものに分け、それぞれの特性と所蔵等を述べておく。

五稜郭全体に関する文献史料

代表的なものとして、以下の①〜⑧のものがあげられる。

①『弁天岬御臺場亀田御五稜郭書上下書抜』

五稜郭および弁天岬台場の築造の経緯および各種工事の仕様書等が記載されている。箱館奉行支配の定役立勝三郎による記載で、函館市中央図書館所蔵。

②『亀田御役所五稜郭辨天岬御臺場御普請御用留』

五稜郭および奉行所庁舎などの建設の経緯が書かれている。なかでも奉行所庁舎の部屋割りの詳細な坪数や、建築資材の手配先などの記載がある。東京大学史料編纂所所蔵。

③『五稜郭御役所廉増御入用調』

五稜郭内の奉行所庁舎、付属建物、郭外の役宅などの建設にかかわる費用の見積りを箇条書きにしたもの。また、付属建物の一部について詳細な仕様の記載がある。東京国立博物館所蔵。

④『五稜郭創置年月取調書』

おもに五稜郭の堀および石垣に関する詳細な仕様書が多数書かれている。また、付図として『五稜郭目論見図』『亀田御役所地絵図』『五稜郭現地存在之図』など数枚の絵図面が収納されている。明治十二年開拓使編集。函館市中央図書館所蔵。

⑤『亀田御役所弁天崎御臺場諸留』

五稜郭の石垣積み用の石切り、運搬にかかわる人数および施工方法などが記載されている。函館市中央図書館所蔵。

⑥『函館亀田五稜郭御上水引入仕様御入用控』

亀田川から五稜郭の堀および同心長屋、支配向役宅などへの上水を引き入れる詳細な仕様が書かれている。函館市中央図書館所蔵。

⑦『亀田五稜郭土塁堀割勾体控』

五稜郭の土塁および掘割の高さや幅について、

詳細な仕様が記載されている。函館市中央図書館所蔵。

⑧『亀田村柳野城普請仕様附図』

五稜郭の土塁および掘割の高さ・幅・深さ・方位、番付など、横断図とともに詳細な仕様が記載されている。函館市中央図書館所蔵。

箱館奉行所庁舎と付属建物関係の文献史料

代表的なものとして、以下の①~⑪の文献があげられる。

①「亀田御役所表奥其外共御普請出来形仕様書」

奉行所庁舎の各棟ごとに詳細な出来形の仕様を記したもので、軒高や軒出も記載されている。奉行所庁舎の外観および内部の形態の詳細を知る上で、最も優れた史料となっている。『弁天岬御臺場亀田御五稜郭書上下書抜』所収。

②「御長屋向御門番所仮牢腰掛供溜共御普請出来形仕様書」

用人長屋、手附長屋、給人長屋、徒中番大部屋、仮牢、公事人腰掛、供溜、門番所など、付属建物の詳細な仕様書で、軒高や軒出も記載されている。『弁天岬御臺場亀田御五稜郭書上下書抜』所収。

③「御役所御普請壱坪當御入用書上」

奉行所庁舎の各部屋あたりの坪数が記されている。ただし、奥向の一部についての記載が脱落している。『亀田御役所五稜郭辨天岬御臺場御普請御用留』所収。

④「御普請御用ニ付諸方手配仕候分奉書付候覚」

奉行所および付属建物などに使用する材料類の手配先について記載されている。『亀田御役所五稜郭辨天岬御臺場御普請御用留』所収。

⑤「五稜郭構堀橋并手附役宅長屋向其外御普請御入用書付」

郭内の付属建物（用人、給人、近中長屋、徒中

番大部屋、御備厩、秣置場、奉行厩、仮牢、公事人腰掛、門番所、供溜等）の所要の金額が記載されている。『亀田御役所五稜郭辨天岬御臺場御普請御用留』所収。

⑥「五稜郭内弐番板蔵下見庇家共新規仕様積書上」
付属建物の板蔵の建築に関する詳細な仕様の記載がある。『五稜郭御役所廉増御入用調』所収。

⑦「御備厩獅子口窓三尺四尺壱ケ所御入用」
御備厩に関する材料の規格および金額についての記載がある。『五稜郭御役所廉増御入用調』所収。

⑧「表玄関内玄関中之口玄関共式臺之間仮囲損料御入用書上」
奉行所庁舎の玄関（表玄関、内玄関、中之口）および式台板囲いの損料等の金額が記載されている。『五稜郭御役所廉増御入用調』所収。

⑨「五稜郭御構内下水御入用積書上」
郭内の排水（下水）設置に関する仕様および金額等の記載がある。『五稜郭御役所廉増御入用調』所収。

⑩「弁天岬御臺場有来土蔵五稜郭内江建直方仕様書上」
弁天岬台場に存在した土蔵を五稜郭内に移設するための仕様の記載がある。『五稜郭御役所廉増御入用調』所収。

⑪「開拓使公文録」
一八七二・一八七四（明治五・七）年の部分で、五稜郭内の建物の払下げに関する記載がある。とくに、土蔵（兵糧庫）について詳細に記載されている。北海道立文書館所蔵。

Ⅳ　五稜郭跡発掘調査の経緯

1　試掘調査の開始と発掘調査場所の確定

五稜郭の文献等資料の調査と並行して、一九八三（昭和五十八）年度に郭内中央部の遺構確認試掘調査を実施した。試掘調査の開始にあたり、現代のトラバース測量法により五稜郭の中心点を求め、これを基点に調査区を設定した。そして、調査区のなかで、トレンチを任意に設けて数カ所の掘り下げを行った。その結果、自然礫の束石が確認されたことから、建物跡の存在が確実なものであることが判明したのである。

これに引きつづき、一九八四（昭和五十九）年度において、奉行所庁舎跡の想定範囲と郭内東側見隠塁付近の付属建物跡の遺構確認の試掘調査を行った。比較的広範囲にわたり試掘をしたところ、ほとんどのトレンチやグリッドにおいて、建物跡の礎石や束石などの基礎遺構を確認することになった。

このように、二カ年の試掘調査において、『五稜郭平面図』に記載された奉行所庁舎や付属建物の遺構の残存状況が非常に良好であると判断された。このため、翌年度から順次、本格的な発掘調査を実施することになった。

2　五稜郭跡遺構確認発掘調査の実施

発掘調査の開始にあたり、基礎的資料となる市立函館図書館所蔵の『五稜郭平面図』『五稜郭内庁舎平面図』などの絵図面の記載をもとに、各建物跡の所在位置を想定した上で、調査に臨むこととした。

史跡整備を目的とした発掘調査であり、いたずらに掘り進むことは慎み、できるかぎり遺構の保存に努めるものとした。遺構そのものの保護・保存が大前提であることから、遺構面の検出に止めて原則それ以上は行わないとの方針で臨んだ。

緊急発掘調査のように、記録保存を前提とした発掘調査では、図面や写真で詳細な記録は保存されるが、遺構そのものは残らないことになる。これに対して、遺構を残すことを前提とする史跡整備を目的とした発掘調査の場合、できるだけ掘らないことが前提であり、確認するだけで十分とし、それ以上は止めてしまう。

たしかに、掘らなければ遺構の様子はわからないことが多い。このため、詳細がわからないまま調査を終えるという不十分な結果となる危険性もある。したがって、遺構の位置、範囲、規模について、より詳細な情報を得ることが必要である場合にかぎり、最小限の範囲で断ち割り等の調査を行うことになる。その場合においても、最低限半分の覆土については残ることを確認しながら調査を進めることにした。

発掘調査により得られた記録を元に復元整備に臨むわけであるが、その反面、できるだけ掘ることなく将来において検証できる余地を残すことも必要となる。五稜郭跡の場合、これまで特別史跡であることからきびしい規制の下で保護されたということを踏まえ、ほとんどの遺構については、良好な形で保存できたと考えている。

　発掘調査は第一次分として、一九八五（昭和六十）年度から一九八九（平成元）年度まで継続して行われた。

　一九八五年度は、郭内東側見隠塁付近の付属建物跡三棟分の調査を実施した。次に、一九八六年度と一九八七年度の二年間で奉行所庁舎のほぼ全体にあたる五五〇〇平方《メートル》を対象に調査を実施し、奉行所庁舎建物の位置と規模を確認した。一九八八年度は、郭内北西側、北東側、南東側で計七一〇〇平方《メートル》を対象に調査を実施し、付属建物跡一二棟分および板塀、柵、上下水道施設の遺構を確認した。これにつづき、一九八九年度には、郭内北側見隠塁付近で一〇〇平方《メートル》を調査し、付属建物一棟分と板塀、柵、上水道関係遺構を確認した。

　以上の四カ年において、箱館奉行所庁舎およびおもな付属建物の遺構を確認したことにより、これらの成果を発掘調査報告書にとりまとめた。

　また、この後、一九九三（平成五）年度から二〇〇〇（平成十二）年度にかけては第二次調査として、第一次では未調査となっていた付属建物跡や付設遺構および郭内土塁、半月堡塁関係の調査を実施した。

　一九九三年度は郭内西側土蔵跡、一九九四年度は郭内西側板庫跡と小土塁、一九九五年度は郭内土塁石垣（本塁・低塁・見隠塁）構造、一九九六年度は郭内北西側隅の弾薬庫跡、一九九七年度は半月堡塁頂上部の発掘調査を実施した。また、一九九八年度には未確認であった奉行所庁舎中庭跡、一九九九年度は奉行所庁舎付設の工作物（板塀、柵、水溜桝）と付属建物（供溜腰掛）、二〇〇〇年度は東側裏門跡について発掘調査を実施し、第二次調査の区切りとした。なお、それぞれの調査成果については各年次ごとの発掘調査概報にとりまとめている。

さらに、二〇〇一（平成十三）年度は郭内に唯一残る建物遺構の兵糧庫復元整備にともない庇家柱跡調査を行った。

なお、この後、奉行所復元整備計画が進められるのであるが、奉行所庁舎跡遺構のなかで構造の不明な所があり、また奉行所復元のための詳細なデータを確保する必要性が生じたことから、二〇〇五（平成十七）年度に、建物復元範囲約一〇〇〇平方メートルを対象として発掘調査を実施した。

以上のように、これまでに実施した発掘調査により、五稜郭跡郭内の復元整備を実施する上での基礎的資料を多数得るものとなった。

V　五稜郭の発掘調査成果

1　箱館奉行所庁舎建物跡遺構

五稜郭跡の中央部に建設された箱館奉行所（箱館御役所）の庁舎建物は、大きく役所関連部分と奉行役宅（奥向）部分に分かれ、全体の構成比はおおよそ三対一ほどの割合となっている。

全体の規模は、東西の最大長さで約九七メートル（約三二〇尺）、南北の最大長さで約五九メートル（約一九五尺）、建物面積は約八一二坪（約二六八五平方メートル）ほどである。

役所部分では、東西約六〇メートル（約二〇〇尺）、南北約五九メートル（約一九五尺）ほどで、大きく五棟が接続する形態となっている。奉行役宅の奥向部分では、東西約三七メートル（約一二〇尺）、南北約四〇メートル（約一三〇尺）ほどで、相当に入り組んだ棟から構成される形態となっている。

発掘調査においては、箱館奉行所庁舎建物の全体について基礎遺構を確認したが、昭和期の攪乱が一部にあったものの、非常に良好な形で遺構が残存している状況にあった。

現地表面から約二〇〜三〇センチ掘り下げた段階

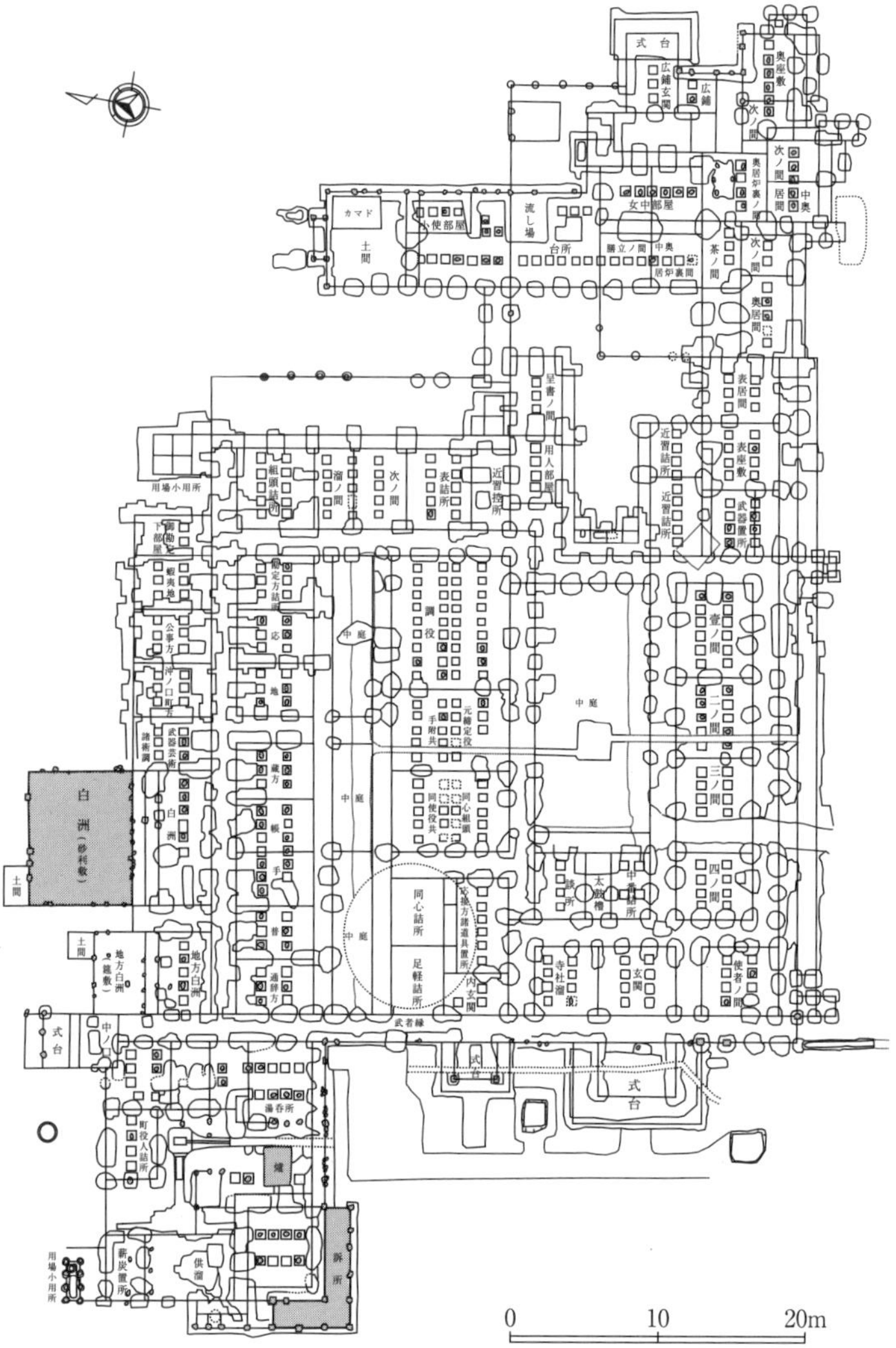

図26　箱館奉行所庁舎跡遺構配置図

で、黄褐色土により盛土整地された平坦面が検出され、この面に建物の基礎遺構が配置されている。この基礎遺構は、基本的に切石の礎石地業と扁平自然礫（河原石）の束石地業の構成から成り立っていて、それぞれの配置状況から建物の各部屋ごとの位置を特定することができる。

それというのも、五稜郭跡の中央部に建物が建築されたのは、一八六四（元治元）年に竣工した箱館奉行所庁舎のみという恵まれた条件下にあったためである。明治政府の箱館府や箱館戦争時においても、とくに改築や増築した記録もなく、また一八七一（明治四）年に奉行所庁舎が解体された後にも、新たな建物が建設された事実はない。したがって、建物遺構が確認された場合には、すなわちそれが奉行所庁舎跡と特定できるわけである。万一、遺構が重複した場合でも、ほとんどの場合が大正期以降の公園整備時の工作物、あるいは一九五四（昭和二十九）年の北洋博覧会の産物に限定され、明確な撹乱として取り扱えることになった。

ところで、確認された遺構については、先述の調査方針のとおり遺構面の検出に止めており、断ち割りが必要なものも必要最小限としたことから、良好な状態で保護を図ることができたと考えている。

なお、ほぼ二十年にわたるこれまでの発掘調査成果については、各年次の発掘調査報告書に詳述されていることもあり、ここでは各遺構の概要を紹介することにしたい。

（一）玄関・内玄関式台跡

玄関式台跡　奉行所庁舎跡南西側に位置し、古写真に「千鳥破風」形状の屋根が写されている正面玄関入口部に相当する。

式台跡は、板敷きとなる式台ノ間と石敷きの式台石ノ間から構成されていて、その正面の開口部は西方向を向いている。

式台ノ間跡の規模は、東西一二尺（約三・六メートル）×南北一八尺（約五・四メートル）で、その外側の北・西・南の三面に、幅六尺（約一・八メートル）の式台石ノ間跡が巡る構造となっている。この遺構面の全体にわたって扁平自然礫や瓦片などの分布がみられた。しかしながら、式台石ノ間跡の敷石については、すべて抜き取られていてまったく残存していない。

式台ノ間跡の礎石地業は、ほとんど抜き取られたものとみられ、明瞭な形では残存していない。これに対して、式台石ノ間跡の建物本体西縁の接合部の二カ所に、それぞれ礎石が残存していた。この礎石地業には、上面一辺約三五センチの台形状の切石が用いられていた。

玄関式台ノ間での埋設陶器発見

式台ノ間跡のほぼ中央部において、東西約九〇センチ×南北約一八〇センチの楕円形の掘込みが確認された。この内部から、扁平の自然礫や瓦片とともに、大量の陶器破片がまとまった形で発見された。

陶器破片は、都合五個体分存在し、いずれも後にほぼ器高約八〇センチ程の完形状態近くまで復元できた信楽産の壺または甕である。

陶器破片取り上げ後に掘り込み内を精査したところ、径約六〇センチの窪みが三カ所南北方向に並んでいるのが確認された。そこで、この窪みに陶器の底部を当ててはめてみると、ほぼ合致することがわかった。おそらくは、当初は口を上に向けた状態で並んで埋設されていたと推定される。

奉行所庁舎建設の際に埋設された陶器は、たぶん一八七二（明治四）年の庁舎建物解体時にもそのままであったものと思われる。しかしながら、

図27　玄関式台板ノ間の埋設陶器遺構

一九五四（昭和二十九）年の北洋博覧会水道管敷設工事により、一部が撹乱されて一端抜き取られ、再度廃棄されたことで、当初の状況がわかりにくくなったものと考えられる。

内玄関式台跡

奉行所庁舎跡玄関の北側の位置に隣接するもので、古写真には「むくり破風」形状の屋根が写されている内玄関入口部に相当する。

内玄関式台跡は、玄関式台跡と同様に、板敷きの式台ノ間跡と石敷きの式台石ノ間跡で構成され、正面は西方向を向く。

式台ノ間跡の規模は、東西八尺（約二・四二メートル）×南北一〇尺（約三・〇三メートル）で、その外側の北・西・南の三面に、幅三尺の式台石ノ間跡（庇家）が巡る構造である。この遺構面全体は、扁平自然礫や瓦片などに覆われているが、式台石ノ間跡の敷石は残存していなかった。

内玄関式台ノ間跡の基礎地業は、方形の切石が用いられ、正面（南北方向）二個の礎石の柱間寸法は一〇尺を計測した。また、式台ノ間跡外側に巡らされる式台石ノ間跡（庇部分）では、礎石が存在しないものの、礎石地業は明瞭に確認できる状況であった。

なお、内玄関式台跡の正面中央部から西方向に、幅約一メートルの範囲で帯状に扁平自然礫の敷き詰めが確認された。おそらくは、内玄関式台へ通ずる通路跡で、水はけをよくするための敷設であると思われる。

図28　内玄関式台板ノ間の埋甕遺構

内玄関式台ノ間での埋甕発見

内玄関式台ノ間跡の中央東側から長方形の掘込みが確認され、そのなかに大形陶器の胴部が残存するのが確認された。この長方形の掘込みは、東西約一四〇センチ×南北約八〇センチの規模であり、玄関式台跡で検出された遺構とは異なり、東西方向が長軸となるものであった。

調査の進行とともに、大形陶器二個体が並んで埋設された埋甕であることがわかった。さらには、西側の撹乱内からも一個体分の陶器破片が出土したことから、もともとこの遺構内には三個体が一列状に配置していたものと推定された。

遺構確認面から五センチ掘り下げた段階で、口縁部を欠いた大形陶器が二個、胴部を接するように東西に並んで埋設されていた。この二個体の埋甕内部の底からやや上で、口縁部破片がまとまって発見されたことから、奉行所解体前までは、口を上

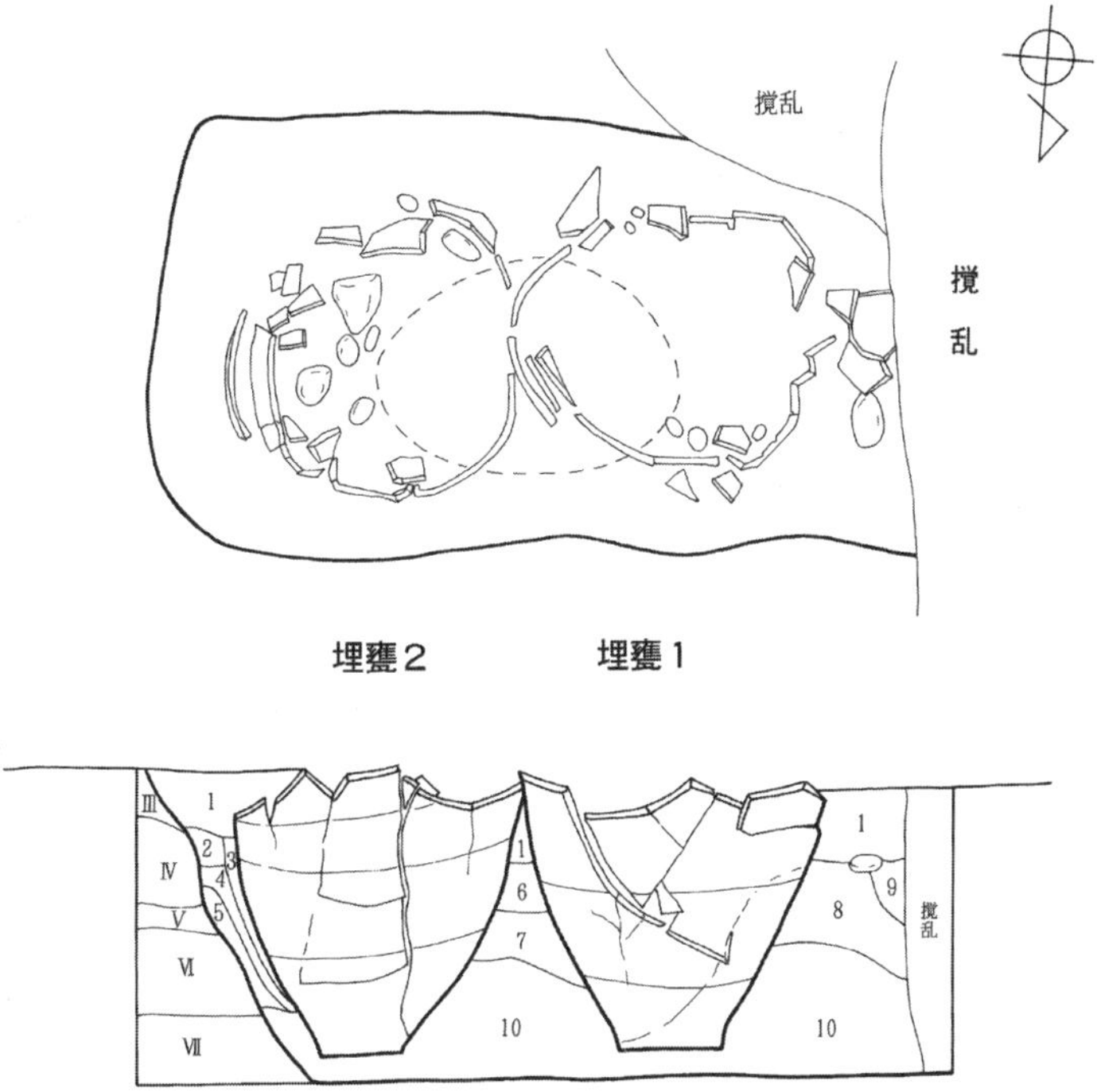

図29　内玄関式台板ノ間埋甕実測図

にして直立する状態で埋設されていたことが想定される。その際、おそらく埋甕内部はほとんど空の状態であったものとみられる。

なお、これら三個体の埋甕は、玄関式台跡出土のものと同様に、いずれも器高八〇センチを超える信楽産の陶器である。

埋甕の役割と意味

玄関式台跡では合計五個体、内玄関式台跡では合計三個体の埋甕が存在していたが、これらの遺構はいったいどのような役割があったのであろうか。遺構の状況からみて、奉行所庁舎建物の建築当初、基礎地業の時点で設置されたものと考えられる。とすると、器内部を空の状態で、口を上にして埋設し、その上面に式台の床板を貼ったことが推定される。

奉行所庁舎完成以降は、板敷きの下に甕があるためにその存在は見えないことになる。したがって、甕そのものを見せるものではないようだ。これに関する記述を五稜郭関係の文献史料や絵図面等のなかに探したが、まったく該当するものはなかった。

出入口である玄関（内玄関）式台部分に、このような仕掛けを設けている事例があるかどうか調査したところ、一例だけ同様な構造が存在することが判明した。それは、滋賀県甲賀市信楽「多羅尾代官陣屋」の埋甕遺構である。この埋甕遺構は、一八四九（嘉永二）年に建設された「信楽御役所」の玄関式台跡に現存するもので、長方形の掘り方の範囲に二個体の甕が埋設されている。以前に建物が存在していたときには、やはり埋甕の上が板敷きであったといわれ、箱館奉行所のものとほぼ同じものといえる。

それではいったい何を目的として、式台下に甕を埋設したのであろうか。やはり記録類はないが、多羅尾代官陣屋跡の建物所有者によると、玄関で「キュッ、キュッ」という音がしたとの記憶があるということであり、どうやら音を鳴らすための装置であった可能性が考えられる。板敷きの下に口を上に向けて空洞の埋甕を設置して、音を鳴らすという事例は、近現代においても能舞台や剣道場にあるといわれる。一定の場所で足を踏み鳴らすと反響が出るようになっているものであるようだ。

玄関・内玄関の式台という、普段はほとんど使用しない空間に、このような音響効果の装置が果たして必要だったのだろうか。あるいは儀式的な意味合いがあったかもしれない。いずれにしても、現在は調査研究の途中にある。類似例の増加を待つことにしたい。

(二) 奉行所庁舎跡各棟の遺構状況

複数の棟から構成される奉行所庁舎建物跡の基礎遺構については、基本的に上面が方形で、台形状の切石を据えた礎石地業と、扁平自然礫(河原石)を据えた束石地業から成り立っている。切石の礎石や自然礫の束石は建物解体時に抜き取られ、そのまま残るものは少ないが、地業の形状はほぼ一定しており、識別は容易であった。このため、基礎地業の配置状況からそれぞれの棟のなかの部屋割りを特定することが可能となった。

次にそれぞれの棟別の状況を記したい。

西側の正面棟　古写真に写されている正面の棟である。桁行は南北方向で、一五間(約二七・二七メートル《メートル》)、梁間は七間(約一二・七二メートル《メートル》)の規模であり、玄関、寺社溜、談所、太鼓櫓、中番詰所、内玄関、應接方諸道具置所、使者ノ間、四ノ間、足軽詰所、同心詰所の一一部屋と武者縁、畳廊下から構成される空間となる。

各部屋割りの柱位置には、礎石地業が六尺間隔で配置するが、切石の礎石はほとんどが抜き取られている。また、部屋内床下の大引きの位置には束石地業が三尺間隔で配置するが、束石の扁平自然礫もほとんど残存していない。

この棟の西側列の各部屋の規模は、南側から使者ノ間跡(東西一五尺×南北一八尺)、玄関跡(東西一五尺×南北一八尺)、寺社溜跡(東西一五尺×南北一五尺)、内玄関跡(東西九尺×南北一五尺)、足軽詰所跡(東西一五尺×南北一二尺)となる。

また、東側列の各部屋の規模は、南側から四ノ間跡(東西一五尺×南北一八尺)、中番詰所跡

（東西一五尺×南北九尺）、太鼓櫓跡（東西一五尺×南北六尺）、談所跡（東西一五尺×南北一二尺）、應接方諸道具置所跡（東西二一尺×南北一二尺）、同心詰所（東西一五尺×南北一二尺）となる。なお、このうち足軽詰所、同心詰所および應接方諸道具置所の一部については、北洋博覧会の噴水跡により攪乱を受けていることが確認されている。

さらに、西側縁を南北方向に延長する板敷き縁跡は、幅六尺×長さ九〇尺の規模となる。この他に、各部屋間を繋ぐ畳廊下跡は、幅六尺で延長一五三尺の規模となる。

南側の棟　西側棟に東西方向に接続する南側の棟。桁行一一間（約二〇メートル）、梁間五間（約九・〇九メートル）の規模で、三ノ間から壹ノ間の三部屋と畳廊下で構成される空間となる。

各部屋割りの柱位置にあたる礎石地業が六尺間隔で配置するが、切石の礎石はいずれも抜き取られて残存しない。また、部屋内床下の大引きの位置には束石地業が三尺間隔で配置するが、束石の扁平自然礫が残るものは少ない。

この棟の部屋は、西側から三ノ間跡（東西一五尺×南北一八尺）、二ノ間跡（東西一八尺×南北一八尺）、壹ノ間跡（東西二一尺×南北一八尺）の規模となる。なお、壹ノ間跡は、奉行所庁舎内で最も格式の高い部屋にあたり、部屋の東側には幅三尺、長さ九尺の棚と床が存在したことを示すように、東側の礎石地業は三カ所ともに一つの掘り方内に三尺間隔で二個の礎石を設置した地業となっている。また、この三部屋の北側と南側には、それぞれ幅六尺×長さ五四尺規模の畳廊下が配置されている。

中央部の棟　西側棟の北側で東西方向に接続する中央部の棟で、桁行一一間（約

図30　奉行所庁舎南側棟　二ノ間・壹ノ間

図31　奉行所庁舎中央棟　調役・元締定役手附共

二〇メートル）、梁間五間半（約一〇メートル）の規模となる。同心組頭同使役、元〆定役手附、調役の三詰所と畳廊下で構成される空間となる。

　各部屋割りの柱位置にあたる礎石地業が六尺・三尺間隔で配置するが、切石の礎石はすべて抜き取られ残存しない。また、部屋内床下の大引きの位置には束石地業が、北側から六尺、三尺、三尺、六尺間隔で東西方向に四列配置する。束石の扁平自然礫が残るものは少ない。

　この棟の部屋は、西側から同心組頭同使役跡（東西一八尺×南北二七尺）、元〆定役手附役跡（東西一八尺×南北二七尺）、調役跡（東西三〇尺×南北二七尺）の規模となる。また、畳廊下跡は、これら三部屋の南側に配置する畳敷きの廊下跡で、幅六尺×長さ六六尺分の規模となる。

北東側の棟

　中央部の棟の東側に南北方向に接続する北東側の棟で、桁行間一一間半（約二三・五七メートル）、梁間四間（約七・二七メートル）の棟と、東西七間半

（約一三・六三メートル）×南北二間（約三・六三メートル）の棟が南側に接続する。組頭詰所、溜、次ノ間、表詰所、近習詰所、用人詰所、呈書ノ間の七部屋と、畳廊下から構成される空間である。

　各部屋割りの柱位置にあたる礎石地業が六尺間隔で配置するが、切石の礎石は数個のみである。また、部屋内床下の大引きの位置の束石地業も三尺間隔に二列配列するが、扁平自然礫が残るものは少ない。

　この棟の各部屋は、北側から組頭詰所跡（東西一八尺×南北一八尺）、溜跡（東西一八尺×南北一〇尺）、次ノ間跡（東西一八尺×南北一二尺）、表詰所跡（東西一八尺×南北一五尺）、近習詰所跡（東西一八尺×南北九尺）、用人部屋跡（東西一五尺×南北一二尺）、呈書ノ間跡（東西一八尺×南北一二尺）の規模となる。

　また、組頭詰所以下用人部屋の西側には畳廊下跡が配置し、幅六尺×長さ六八尺の規模となる。

北側の棟（平家建）

　北側（平家建）の棟は、東側で北東の棟と接続し、南側の渡り廊下を通じて中央部の棟と接続する。桁行は北の方九間半（約一七・二七メートル）、南の方八間（一四・五四メートル）、梁間七間（約一二・七二メートル）の規模となる。

　北の方の部屋並びは、東側から御勘定下部屋、蝦夷地、公事方、沖ノ口町方、武器芸術諸術調の五部屋（東西五七尺×南北一八尺）で構成される空間である。一方、南の方の部屋並びは、東側から勘定方詰所、応、地、蔵方の四部屋（東西四二尺×南北一八尺）で構成される空間である。

　また、北の方と南の方の間に幅六尺×長さ五七尺の規模の畳廊下跡が配置している。

北側の棟（二階建）

　南の方の棟に接続する二階建構造の棟にあたる。桁行九間（約一六・三六メートル）、梁間四間（約七・二七メートル）の規模となる。

この棟の各部屋は、西側から通辞方、普、手、帳、蔵方の五部屋（東西五四尺×南北二四尺）、および幅六尺×長さ五四尺の畳廊下で構成される空間である。

これら北の棟においても、各部屋割りの柱位置にあたる礎石地業は六尺間隔で配置するが、ほとんどの切石の礎石は抜き取られて存在しない。また、部屋内床下の大引きの位置の束石地業も三尺間隔に配列するが、扁平自然礫が残るものは少ない。

白洲跡

北側の棟（二階建）の北側に接続する、奉行所での裁きの空間にあたる（口絵3頁目参照）。白洲跡の構成は、部屋部分と北側に張り出す砂利敷き、および出入口の土間部分から構成されている。

部屋と縁部分は、東西五間（約九・〇九メートル）、南北三間（約五・四五メートル）の規模となる。また、砂利敷部分は、東西五間（約九・〇九メートル）、南北四間（約七・二七メートル）の規模となる。さらには、砂利敷の北西側に東西九尺×南北六尺の土間が接続している。

礎石地業は、切石の礎石が用いられて六尺や三尺間隔で配置する。また、部屋床下の束石地業は、扁平な自然礫を利用している。砂利敷部分には、二センチから五センチ大の扁平な玉砂利が敷詰められている。

ところで、この白洲跡の砂利敷となる空間を囲う柱位置には礎石が用いられている。このことから、砂利敷の外廻りは、建物の外壁が巡らされていることになる。つまり、白洲跡の空間は、板塀などの工作物が巡らされる屋外ではなく、正しく室内に存在していたことを物語っている。

図32　奉行所庁舎北側棟　地方白洲跡（筵敷遺構）

文献史料の仕様では、砂利敷の裁き場の廻りは立羽目板の張付け壁で、上には桟瓦屋根が架かる構造となっている。どうやら、奉行所北側に設けられた白洲跡は、わずかに外明かりが入る程度の薄暗い空間であったようである。

地方白洲跡

白洲跡西隣りの地方白洲跡は、部屋と縁部分が東西三間（約五・四五メートル）×南北二間半（約四・五四メートル）、筵敷部分が東西三間（約五・四五メートル）×南北二間（約三・六三メートル）の規模となる。筵敷部分には、切石の礎石と扁平自然礫の束石が配置するが、砂利敷ではなく土間で構成される屋内の空間である。

中ノ口玄関跡

奉行所勤務の役人通用口とみられ、式台板ノ間（東西×南北とも一二尺）と畳敷き中ノ口玄関（東西×南北とも一二尺）で構成される。式台板ノ間部分には、切石の礎石が数カ所で確認された。

北西側の棟

役所の受付窓口、下級役人の休憩所、勝手場などから構成される、一部二階建ての棟で、奉行所古写真の左側隅に建物の一部が写されている。ここでは調査により明らかになった訴所跡、爐《いろり》跡、供溜・土間・薪炭置所跡について紹介したい。

訴所跡は北西側棟の南西隅に位置する訴状受付所とみられ、畳敷部屋（東西一五尺×南北一八尺）、切目縁（幅三尺）、土間（一辺六尺）、砂利敷（幅六尺×長さ三九尺）から構成される空間と

図33　奉行所庁舎北西側棟　爐跡・湯呑所跡

なる。西と南側に下屋（庇家）状に張り出す砂利敷には、白洲跡と同様に二センチから五センチ大の扁平な玉砂利が敷詰められ、切石の礎石や扁平自然礫の束石が多く残存している。奉行所庁舎跡の建物遺構のなかでも、最も基礎地業が良好に残存していた場所でもある。

　爐跡では、東西二・五メートル×南北二メートルの範囲に、緑色の切石片の敷詰めが確認された。おそらくは、爐を設置する際の基礎栗石とみられる。

　また、この棟の東側には湯呑所跡（東西一八尺×南北一五尺）、御用達詰所跡（東西一五尺×南北一五尺）、町役人詰所跡（東西一五尺×南北一二尺）などの畳敷きの部屋があり、それぞれ床下の範囲には三尺間隔で束石地業が配置している。

　北西側棟の北側部分では、黄褐色土の版築により地面が突き固められた範囲が確認された。供溜や土間、薪炭置所に相当するものとみられ、供溜の区画の中央部では石炉の設置跡とみられる集石が存在している。また、土間の区画内には、扁平自然礫が三尺間隔で三カ所に配置される範囲があり、台所の竈《かまど》跡であったものと考えられる。

南東側の箱館奉行の執務室

壹ノ間のある南側棟の東面に接続する棟は、箱館奉行が執務する表座敷、表居間など奉行所のなかでも重要な場所に相当する。

表座敷は、箱館奉行の公務場所であり、この部屋において各種会談等の公式行事などが行われたようである。東西一五尺×南北一八尺の規模で、部屋内北西隅に六尺×三尺の床が付く構造である。この表座敷の東隣りには、同じく奉行の執務室である表居間（東西一五尺×南北一二尺）と、奥向へ通ずる入側（東西一五尺×南北六尺）が配置する。また、表座敷の西隣りは武器置所（東西一五尺×南北九尺）と壹ノ間へ通じる入側（東西一五尺×南北六尺）が配置する。さらには、北側に二間続きの近習控所（東西三〇尺×南北一二尺）が配置している。

なお、基礎の礎石地業と束石地業ともに、他の棟の状況と同様であり、礎石や束石は抜き取られ、ほとんど残存しない。

奥向

箱館奉行の役宅部分に相当する。表居間の東面に接続し、入側を通じて役所部分から奉行の居住空間に切り替わる構造である。建物内の機能こそは異なるが、切石の礎石地業と扁平自然礫の束石地業の基礎構造に関しては役所部分と同一の仕様で構成され、まったく相違はない。

東西方向に延長する棟の部屋割りは、西側から役所へ通ずる入側（東西一五尺×南北九尺）、奥居間（東西一八尺×南北一二尺）、茶ノ間（東西一五尺×南北九尺）、次ノ間（東西九尺×南北一二尺）、奥居炉裏ノ間（東西一五尺×南北一五尺）、中奥居間（東西九尺×南北一二尺）、次ノ間（東西九尺×南北一二尺、二間続き）、奥座敷（東西一二尺×南北一二尺）、入側（東西一八尺×南北六尺）、広鋪（東西九尺×南北九尺）、広鋪玄関（東西一二尺×南北一二尺）、および正面二間（約三・六三メートル）入一間（約一・八一メートル）の規模で方形屋根となる式台ノ間が配置する。

　また、東西方向の棟に接続する南北方向の棟の部屋割りは、中奥居炉裏間・膳立ノ間・女中部屋（二部屋）（四部屋とも東西・南北とも一二尺）、台所および板ノ間、小使部屋（合計東西一八尺×南北四五尺）、土間（東西一八尺×南北一八尺）となり、屋内北東隅には東西六尺×南北一二尺の範囲に自然礫や切石片が堆積しており、竈跡が存在したと推定される。また、この棟から呈書ノ間にかけて、東西二一尺×南北六尺規模の渡り廊下が接続している。

用場小用所清所

奉行所庁舎には、建物の各所に張り出す形で約一一カ所（三二区画）に用場小用所清所（便所および手洗所）が敷設されている。

　一区画ごとの柱間寸法が、四尺五寸（使者ノ間の南側）、四尺（壹ノ間の南側と近習詰所の東側）、三尺（その他八カ所）の規模となる三タイプがある。

礎石地業・東石地業の構造

広範囲な箱館奉行所庁舎跡において確認された、礎石地業と東石地業の構造確認のために、それぞれ礎石と東石が残存している箇所の一部で断ち割りを行い、基礎構造の断面観察を行った。

　礎石地業は、緑色凝灰岩質の切石（越前の笏谷石と推定）が用いられる。深さ約一メートルの掘り方内に五センチから一〇センチ大の自然礫を栗石として詰め、上面三〇センチ、底面五〇センチ、高さ七〇センチ程の台形状に加工された切石が据え付けられ、裏込め土に黄白色・黒褐色土が詰められて石が固定される構造となっている。

なお、奉行所庁舎跡と付属建物跡では基本的に同じ構造の礎石地業であるが、建物規模により、多少であるが付属建物跡の礎石の方が小規模なものを利用するようである。

束石地業は、床下空間に配置されるもので、盛土された黄褐色土面を掘り込み、一辺六〇センチ、深さ四〇センチから五〇センチの掘り方として、なかに黒色や灰色粘土を敷詰め、その上に小砂利が敷詰めら

図34　北西側棟の北側の用場小用所跡

図35　奉行所庁舎跡礎石地業断面

図36　奉行所庁舎跡束石地業断面

れ、掘り方中央部には三〇センチ大の扁平自然礫（河原石）を据え付ける構造である。

以上のように、箱館奉行所庁舎跡の基礎遺構については、文献史料にも「地形高下平均水盛致柱下束下共根切致割栗石砂利共入突堅〆柱石束石共居堅」とあるように、非常にていねいで正確につくられていたことが、発掘調査において明瞭な形で確認できた要因となっている。

2　付属建物跡遺構

『五稜郭平面図』・『五稜郭目論見図』等の絵図面には、奉行所庁舎の周辺に所在する総数二〇棟あまりの付属建物が記載されている。この付属建物については、郭内を大きく六つに区画したなかにそれぞれ配置されているものである。

絵図面上から確認できる建物の名称としては、御備厩、秣置場、奉行所厩、給人長屋、徒中番大部屋、用人長屋、手附長屋、稽古場、板庫、供溜腰掛、公事人腰掛、仮牢が各一棟で、近中長屋と土蔵が各二棟、湯遣所と板蔵が各三棟の合計二二棟となる。また、絵図面上にはないが、文献記録上に記載されているものに門番所三棟があり、総合計では二五棟存在していたものとみられる。

次に各区画ごとの概要を記したい。

(一)　郭内北西側エリア

奉行所庁舎北西側に位置するもので、役所の厩関係施設が配置されている。エリアの東側と南側については、柵列（裏板柵矢来）により区画されている。

建物は、御備厩と秣置場の二棟から構成されている。なお、絵図面上では秣置場が二棟存在したように描かれていたが、発掘調査結果と文献記録

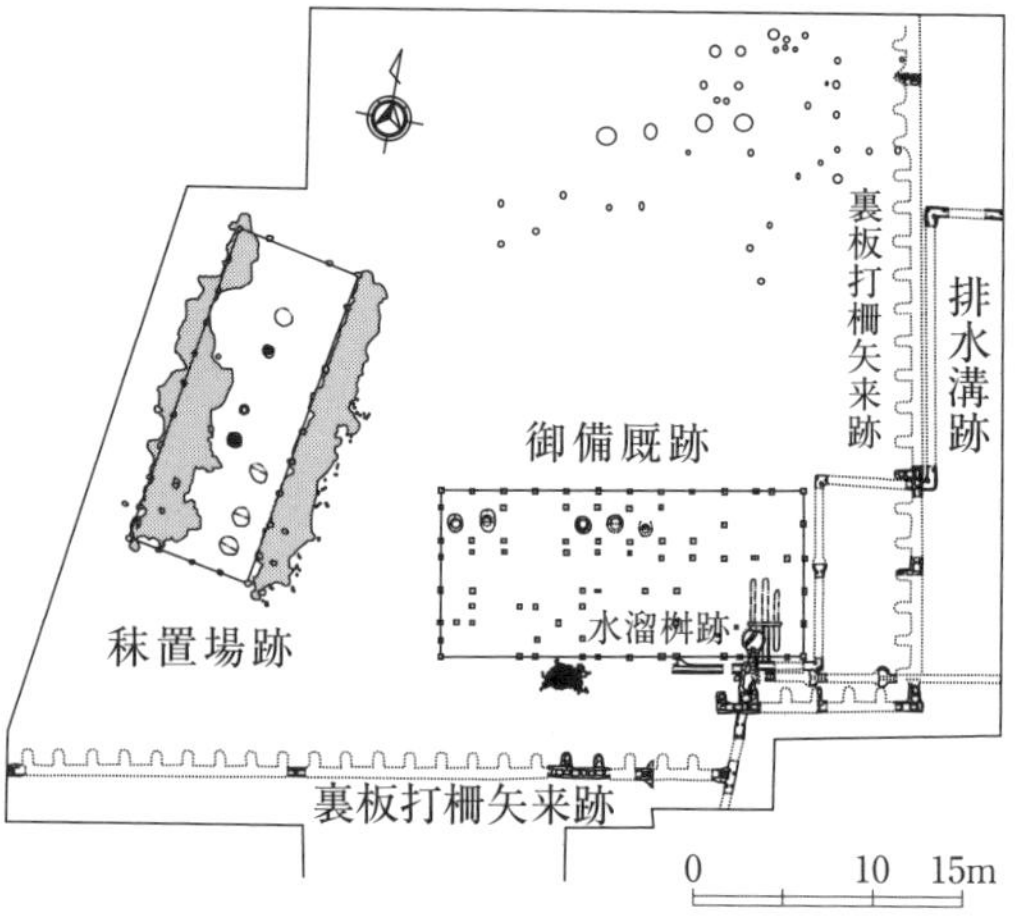

図37　北西側エリア　遺構配置図

の照合から、秣置場は一棟のみであったことが確認された。

御備厩跡

桁行一一間半（約二〇・九一メートル）、梁間五間（約九・〇九メートル）の建物規模で、切石を利用した礎石地業が、三尺・六尺・九尺の間隔で数カ所を除きほぼ良好に残存している。この礎石の配置から、馬一頭分の厩舎の規模を確認することができる。一頭分の空間は、南北一二尺、東西六尺の範囲であり、同様な区画は合計七カ所存在している。また、個々の区画内のほぼ中央辺りから、円形状のピットが確認されている。おそらくは、馬用の便槽跡と思われる。

また、建物内の南東側に水溜桝と排水溝が並ぶように配置されており、流し場が存在していたことが確認された。

なお、この建物は一八七一（明治四）年の解体を免れてしばらくの間存在していたことが、開拓使の記録から読み取れる。さらには、建物内部に開拓使の茂辺地煉瓦工場で製造された「函館製造」刻印のレンガが存在していたことから、少なくとも一八七七（明治十）年頃まで存続していた

図38　北西側エリア　秣置場跡

可能性が考えられる。

秣置場跡

桁行一〇間（約一八・一八メートル）、梁間四間（約七・二七メートル）の建物規模で、御備厩の北西側に隣接する場所に位置している。礎石地業には扁平自然礫（河原石）が用いられ、六尺間隔に配列がみられる。建物内中央部付近には、栗石詰めの地業が三カ所に存在する。また、建物跡東側には庇家が取り付けられていたようである。

なお、この建物跡の桁行方向に沿った形で、水はけを意識したとみられる玉砂利敷きの遺構が広範囲にわたって存在している。

(二)　郭内南東側エリア

南東側のエリアは、奉行所庁舎の奥向き部分に隣接する、箱館奉行家臣のなかでも上役用の住居などが存在する空間である。建物跡では、手附長

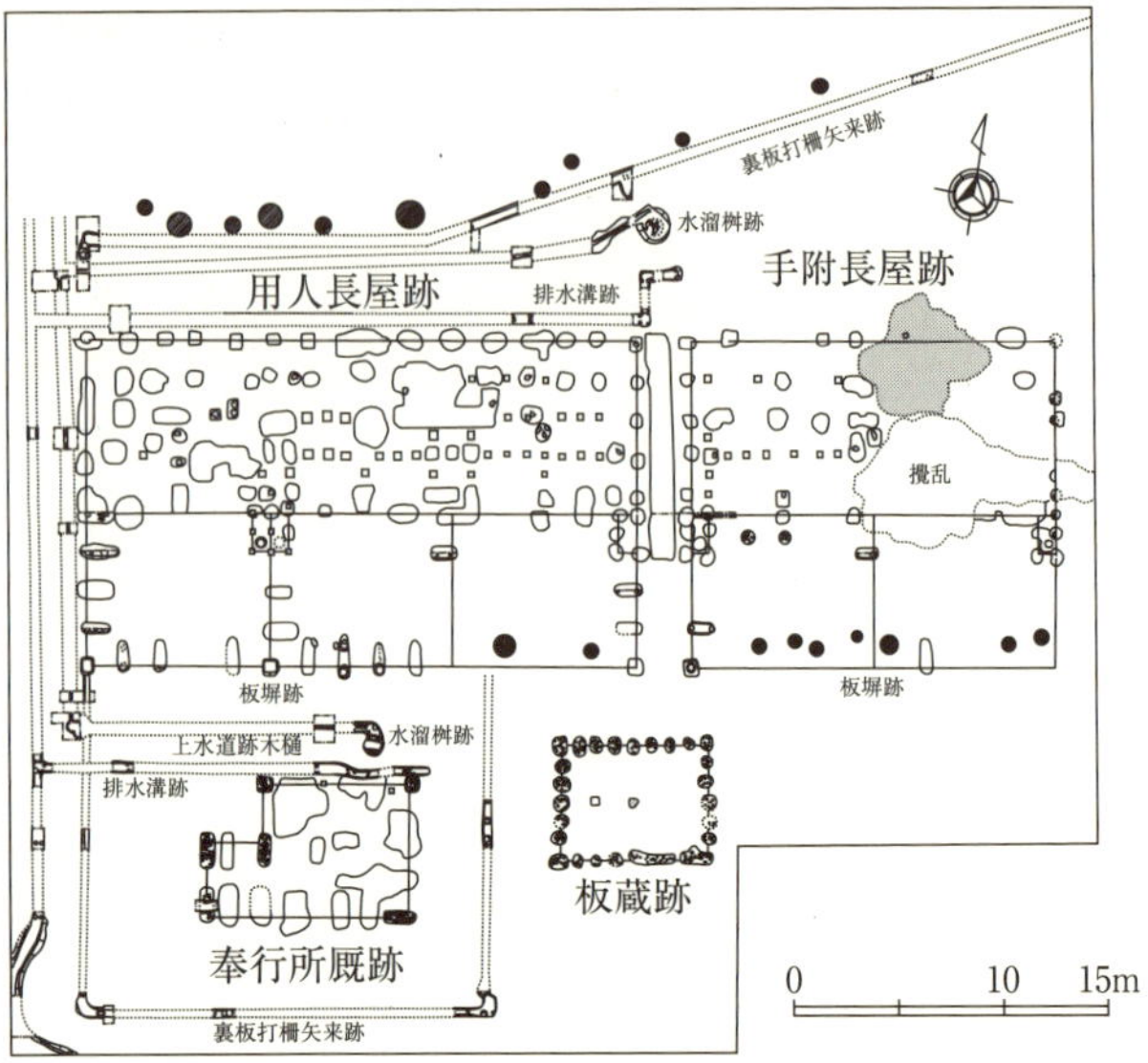

図39　南東側エリア　遺構配置図

屋、用人長屋、奉行所厩、板蔵の四棟の配置が確認された。

手附長屋跡

南東側エリアの東端に位置し、西側は用人長屋に隣接する。桁行一〇間（約一八・一八《メートル》）、梁間四間半（約八・一八《メートル》）の建物規模で、左右対称の二住居続きの長屋建物であったとみられる。礎石地業は、おもに扁平自然礫を利用して六尺～三尺間隔で配置し、部屋床下の束石地業も、扁平自然礫が使用され、三尺間隔で配置する。

また、この建物跡の南西と南東側の二カ所には、六尺×三尺規模の張出しがあり、用場小用所（便所）が付設されていたものとみられる。さらには、建物の南側には一住居分あたり延長三〇尺×二四尺の板塀が付設しており、南側に配置するアカマツを囲っていたことが確認された。

なお、この建物跡の西側半分の遺構は残存状況

図40　南東側エリア　用人長屋・手附長屋跡

が良好であるが、東側半分ほどは大きな攪乱を受けている。また、この建物跡と重複する形で、二本の溝状遺構が確認された。おそらくは、建物解体直後に、重量物を積載した車輪によって付けられた可能性が高いとみられる。

用人長屋跡　手附長屋の西側に連続するように隣接する。桁行一五間（約二七・二七メートル）、梁間四間半（約八・一八メートル）の建物規模で、三住居続きの長屋建物とみられる。なお、手附長屋との建物の間隔はわずかに一間分となっている。

礎石地業は切石と扁平自然礫、束石地業は扁平自然礫を使用し、その規模も手附長屋とほとんど同様な配列状況である。また、三住居ごとにそれぞれ用場小用所（便所）とみられる六尺×三尺規模の張出しが付設している。さらには、建物の南側に付設する板塀の規模や構造は手附長屋と同様

図41　南東側エリア　奉行所厩跡

の状況であった。

なお、この用人長屋と手附長屋については、遺構の状況にほとんど違いはみられないが、文献史料ではほんのわずかに差が生じている。建物坪数では、用人長屋の一住居あたり二三・六七坪に対して、手附長屋の一住居あたりは二四坪となっており、この相違は玄関部分の間口の大きさに表れている。この差は若干ではあるが、職階級の差であったのかもしれない。

奉行所厩跡

用人長屋の南側に位置し、東側に板蔵が隣接している。桁行五間半（約一〇メートル）、梁間二間（約三・六三メートル）の建物の北側に、桁行四間（約七・二七メートル）、梁間一間半（約二・七二メートル）の建物が接続する形で一棟となっている。

この建物についての文献史料は確認されていないが、絵図面資料が残されている。それによると、建物の内部の配置としては、馬一頭分の区画（一二尺×六尺）が二カ所と、流し場（一二尺×九尺）、秣置場（一二尺×六尺）を備えたものであったことがわかる。

なお、この建物の周囲には、東側は約四メートル、南側は約四・五メートル、西側は約六メートル離れた位置に柵が巡らされ、建物が囲われていることが確認された。これに加えて、建物の北側に隣接して、水溜桝と排水溝なども引き込まれて存在している。また、この場所の範囲は水はけのよくない部分でもあるためか、黄褐色土による版築で地面が構築されている。また、地業のなかにも、熨斗瓦片を栗石代わりに使用するなどの特徴ももちあわせている。

板蔵跡　手附長屋と用人長屋の南側に位置し、西側に奉行所厩が隣接する。桁行四間（約七・二七メートル）、梁間三間（約五・四五メートル）の建物規模で、壁位置にあたる基礎地業では、円形や楕円形状の砂利詰めの掘り方が、ほぼ三尺間隔で巡らされている。

さらに、この建物跡のほぼ中央の一カ所には、棟柱受けとみられる扁平自然礫による礎石が存在する。

（三）郭内東側エリア

東側のエリアは、東側見隠塁の内側に設けられた奉行家臣の下役用の住居などが存在する空間である。建物跡では、近中長屋、板蔵、湯所の三棟の配置が確認された。

近中長屋跡　東側に見隠塁、西側に奉行所庁舎奥向が隣接する。桁行一四間（約二五・四五メートル）、梁間三間半（約六・三六メートル）の建物規模で、四住居続きの長屋建物とみられる。

切石の礎石地業と扁平自然礫（河原石）の束石

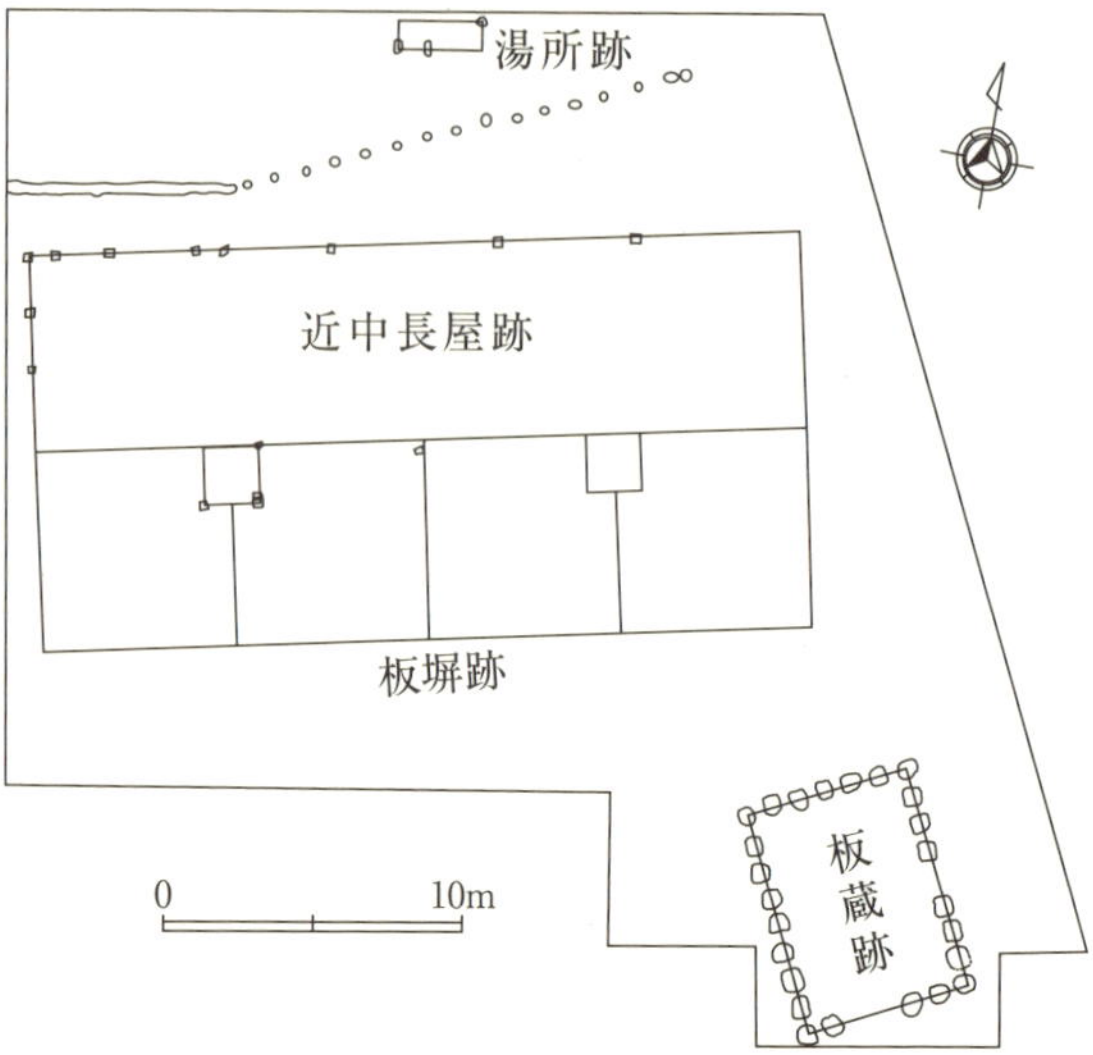

図42　東側エリア　遺構配置図

図43　東側エリア　近中長屋跡

図44　東側エリア　板蔵跡

地業が比較的良好な状態で残存している。とくに、上面三〇センチ四方、高さ六〇センチの台形状切石の礎石が抜き取られず残されている割合が高く、計測により柱間寸法が六尺や三尺であったことが確認できる。また、建物の南側に一住居あたり六尺×三尺の用場小用所(便所)を四カ所に付設し、さらには南側の範囲には板塀も付設する。

　なお、近中は近習と同様な職名とみられるが、絵図面や文献史料のなかでの表記が、ともに近中となっていることから、この名称を用いているものである。

板蔵跡　近中長屋の南側に位置し、東側の見隠塁に沿う形で隣接する。桁行四間(約七・二七メートル)、梁間三間(約五・四五メートル)の建物規模となる。

　基礎地業は一辺六〇センチ深さ三〇センチの砂利詰めの掘り方が三尺間隔で配列している。また、その地業上には切石の礎石が二カ所に残存している。建物跡中央部には棟柱受けとみられる柱穴も確認された。このように、この板蔵跡の構造や規模は、ともに南東側エリアの板蔵とほとんど同一の仕様により建築されていたことがわかる。

湯所跡　近中長屋の北側に位置する。三カ所に扁平自然礫の礎石が存在し、桁行一間半(約二・七二メートル)、梁間一間(約一・八一メートル)ほどの建物と推定されるが、詳細は不明である。

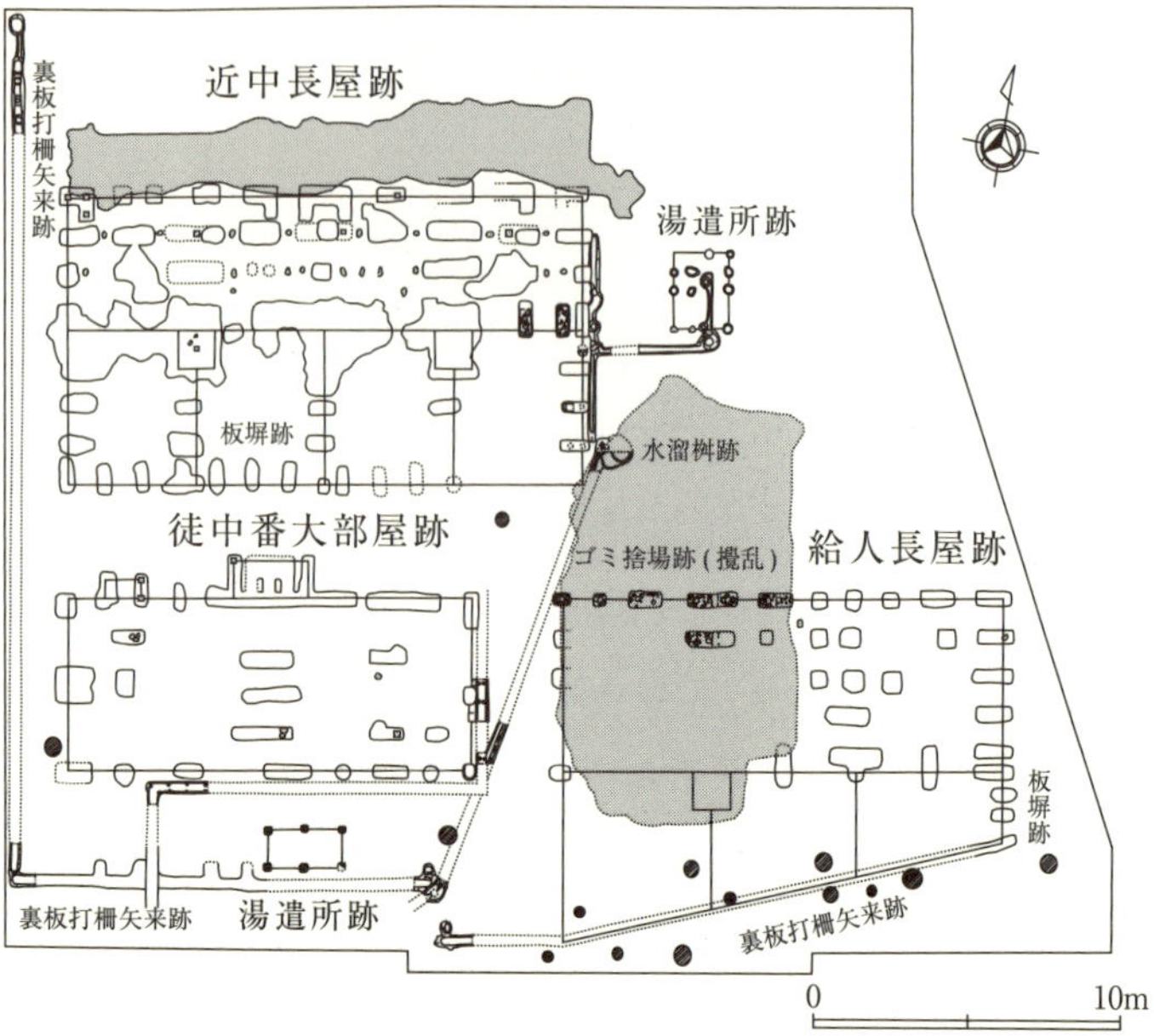

図45　北東側エリア　遺構配置図

（四）郭内北東側エリア

郭内の北東側コーナー付近に位置し、奉行家臣の下役用の住居などが存在する空間である。建物跡としては、給人長屋、近中長屋、徒中番大部屋、湯遣所（二棟）の計五棟の配置が確認された。

また、このエリアについては、西側と南側を柵（裏板打柵矢来）により区画されている。

給人長屋跡　北東側の本塁付近に位置し、西側は徒中番大部屋が隣接する。桁行一二間（約二一・八一メートル）、梁間四間半（約八・一八メートル）の建物規模で、三住居続きの長屋建物とみられる。

基礎地業は、方形または長方形状の掘り方が六尺間隔で配置されているが、礎石や束石は残存していない。文献史料や絵図面では建物南側に六尺×三尺規模の用場小用所（便所）が付設するが、

図46　北東側エリア　給人長屋跡

大きな攪乱を受けていたために確認されていない。また、建物の南側には板塀が付設され、現存するアカマツを囲い、南側を区画する柵に接続する構造となる。

なお、給人長屋は三住居続きの建物であるが、一住居あたり一九・二五坪で、用人長屋の二三・六七坪とくらべ約八割程度の大きさとなっている。このことは、手附、用人よりは給人が下級職であることと関連があるだろう。たぶん、職階級の差が、そのまま一住居の大きさに反映された結果と思われる。

ところで、この給人長屋跡が攪乱されて大きなゴミ捨場になっている件であるが、この攪乱は当然、給人長屋建物の解体以降の事柄であり、奉行所時代と直接因果関係がないとみられるため、箱館戦争関連遺構の項であらためて記述することにしたい。

図47　北東側エリア　近中長屋跡

近中長屋跡

郭内北側見隠塁の東側に位置し、南側は徒中番大部屋、東側は湯遣所に隣接する。桁行一四間（約二五・四五メートル）、梁間三間半（約六・三六メートル）の建物規模で、四住居続きの長屋建物とみられる。

基礎地業は、方形や長方形の掘り方の切石礎石地業、扁平自然礫（河原石）の東石地業が、六尺・三尺間隔に配置する。また、一住居あたり六尺×三尺規模の用場小用所（便所）も計四カ所に付設し、南側には板塀も付設する。この他に、建物北面側には水はけのための玉砂利敷きも存在する。基本的には、東側の近中長屋と同様な構造である。

なお、近中長屋は一住居あたり一二・七五坪ほどであり、給人長屋の七割弱程度の規模となり、待遇の差が顕著である。

ところで、二棟の近中長屋ともに、板塀で囲ま

図48　北東側エリア　徒中番大部屋跡

れた庭の空間にはアカマツの植樹はみられない。果たして、建物解体時に抜かれたものか、もともとこのクラスの建物の庭には植樹されなかったのだろうか。もしかすると、アカマツ植樹は一種のステータスだったのかもしれない。

徒中番大部屋跡

給人長屋跡の西側、近中長屋跡の南側に隣接する。桁行一一間（約二〇メートル）、梁間四間半（約八・一八メートル）の建物規模で、一棟を三つに仕切り、徒・中番・足軽クラスの住居としたものとみられる。なお、絵図面では、東側から二間半×四間半の中番長屋、三間×四間半の徒士長屋、五間半×四間半の大部屋に仕切られる間取りが記されている。

基礎地業は、切石の礎石地業、扁平自然礫（河原石）の東石地業が六尺・三尺の間隔で配置するように、長屋建物の構造とほぼ同様である。

また、建物跡北側には、一二尺×六尺の範囲が

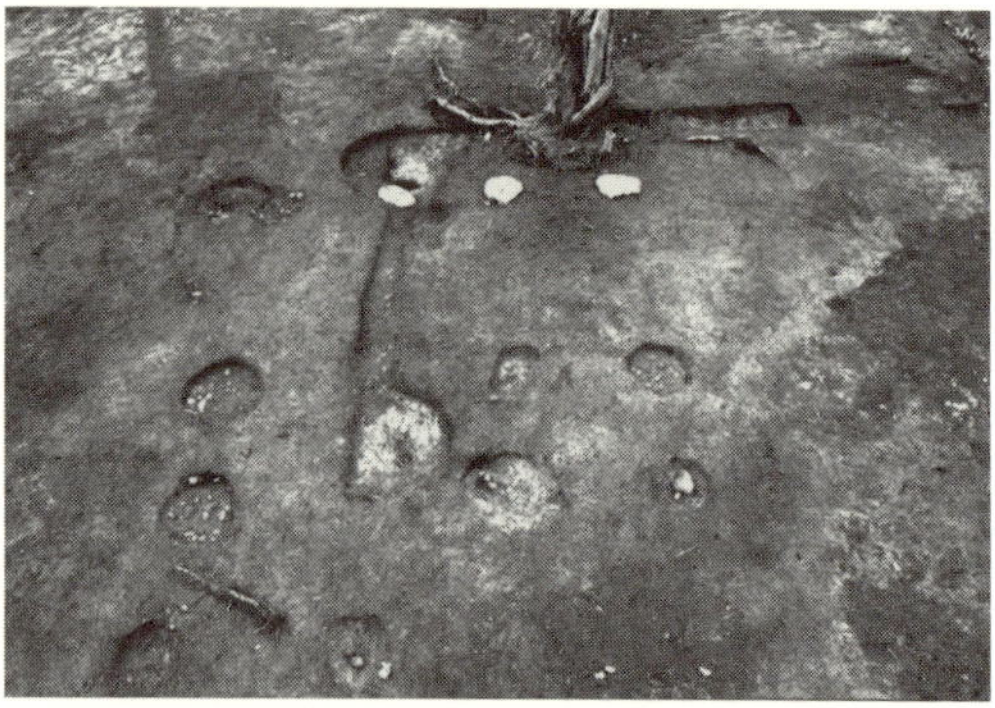

図49　北東側エリア　湯遣所跡（近中長屋側）

張出しとなり用場小用所（便所）が付設する。共同便所とみられる。

湯遣所跡（大部屋側）　徒中番大部屋の南側に隣接するもので、桁行二間（約三・六三メートル）、梁間一間（約一・八二メートル）で、一辺四〇センチの砂利詰めの方形地業が配置している。絵図面・文献史料から、一間四方が湯殿、一間四方が土間の構造であったことがわかる。

また、この湯遣所の北東側約三〇メートルの場所には、上水道・水溜桝が設置されていて、そこから水の供給が行われていたとみられる。

湯遣所跡（近中長屋側）　近中長屋の東側に隣接するもので、桁行二間（約三・六三メートル）、梁間一間半（約二・七二メートル）で、円形の掘り方の上に扁平自然礫が設置される構造となっている。文献史料から、湯遣所内部は、土間、流し場、拭板敷、水口、戸棚などで構成されていたことがわかる。

また、湯遣所の南西側約一〇メートルの場所には、上水道・水溜桝の設置があり、水の供給が行われていたとみられる。

（五）郭内北側エリア

北側エリアは、北側見隠塁の内側に設けられた、奉行所の裁きに関する施設が存在する空間である。建物跡としては、仮牢、公事人腰掛、板蔵の三棟の配置が確認された。

図50　北側エリア　仮牢跡

図51　北側エリア　公事人腰掛跡

仮牢跡

北側見隠塁南西側に位置する、東西・南北ともに二一尺（約三・六三メートル）となる方形の建物とみられる。基礎地業は、一辺六〇センチの方形の掘り方が三尺間隔で南北四カ所に配置する。この地業中には数個の自然礫が残存している。

絵図面と文献史料では、南側半分が女仮牢、北側半分が男仮牢とされている。また、男仮牢の横には三尺×六尺の用場小用所（便所）と六尺×九尺の範囲に腰掛が付設される。なお、この用場小用所と腰掛相当場所では、長方形状に三尺間隔で配置される礎石地業が確認された。

公事人腰掛跡

北側見隠塁中央部の南側に位置し、西側は仮牢が隣接する。桁行六間（約一〇メートル）、梁間三間（約五・四五メートル）の建物規模で、腰掛と土間から構成されていたとみられる。基礎地業は、一辺四〇センチの方形の掘り方が三尺間隔で配列する。

文献史料では坪数一八坪三合三勺

三才と記され、ほぼ発掘調査結果と一致する。しかしながら、記録にみられる板敷床や囲炉裏付部屋などの部屋割を確認するまでにはいたっていない。

板蔵跡　北側見隠塁の南側に位置し、西側は公事人腰掛が隣接する。桁行四間（約七・二七メートル）、梁間三間（約五・四五メートル）の建物規模で、他二棟の板蔵跡と同一のものとなっている。

基礎地業は、独立した掘り方ではなく、幅六〇センチの溝状遺構の中が砂利詰めとなり、その上に三尺間隔に切石や自然礫が設置されている。なお、建物跡東側と中央部は攪乱され、中央の棟受柱の基礎遺構は確認されなかった。

（六）郭内西側エリア

郭内西側の小土塁で区画される奉行所の保管・収蔵施設を中心とする空間である。建物跡では、稽古場、供溜腰掛、板庫、土蔵の四棟と現存する土蔵兵糧庫一棟が配置する。

稽古場跡　西側小土塁の北東側に位置し、大部分が小土塁と重複している。基礎地業が確認されたのが北側と南側の一部であるため、建物の規模と構造は不明な状況である。建物跡北側面では、切石の礎石が確認されたが、南側では自然礫のみが存在する。

ちょうど、稽古場跡を縦断するように小土塁が設置されている。稽古場がいつ解体されたものかは明らかではないが、もしも一八七一（明治四）年であれば、小土塁の増設はそれ以降となる。果たしてどうであろうか。なお、この小土塁遺構については後の項で記述することにしたい。

供溜腰掛跡　西側小土塁の中央部付近に沿う形で位置する。建物西側の桁行五間

図52　西側エリア　供溜腰掛跡

図53　西側エリア　板庫跡

（約九・〇九メートル）分のみが確認された。基礎地業は切石が据えられた礎石地業で、六尺間隔に配置されている。建物東側は、公園整備等の攪乱を受けているために、遺構は確認されなかった。

文献史料では、五間・一間半と記されており、攪乱を受けている東側の梁間部分は一間半（約二・七二メートル）の規模と推定される。

板庫（イタクラ）跡　郭内西側の本塁に沿う形で位置し、南側は約二間分（約三・六三メートル）離れた場所に土蔵の兵糧庫が存在する。また、北側には本来もう一棟の土蔵が存在していたとみられる。桁行方向は、市立函館博物館五稜郭分館と重複しているため、五間分（約九メートル）が確認されたが、本来は八間（約一四・五四メートル）であったとみられる。また、梁間は、四間（約七・二七メートル）の建物規模である。

基礎地業は、切石を据えた礎石地業で、四尺間隔に配置されている。また、建物跡西側の桁行方向に沿った形で砂利詰めの溝状遺構が確認された。おそらくは、雨落ち溝跡と推定される。さらには、この溝状遺構に直交して、板庫跡と兵糧庫の間にも溝状遺構が延長している。雨落ち溝に接続する排水溝跡と推定される。

土蔵跡

『五稜郭平面図』および文献史料から桁行九間（約一六・三六メートル）、梁間四間（約七・二七メートル）の建物規模と推定される。博物館五稜郭分館建物と全面的に重複しているため、現在までのところ建物遺構についてはまったく確認できていない。しかしながら、この周辺部を調査した時点において、瓦溜や漆喰破片等が確認されており、付近に土蔵が存在していたことがうかがえる。文献史料では、九間×四間の土蔵は、弁天岬台場から五稜郭内へ移設されたものであり、一部に庇家が巡る漆喰塗りで、現存する兵糧庫と類似した建物であったようである。

この建物跡については、二〇〇八（平成二十）年度に五稜郭分館を解体撤去することになっており、その際に発掘調査を実施する予定である。

御門番所跡

『五稜郭平面図』等の絵図面資料に記載はないが、文献史料から郭内三カ所の出入口に設置されたと推定される。記録からは、桁行五間半（約一〇メートル）、梁間二間（約三・六三メートル）の建物規模であったようである。

現在までのところ、三カ所ともに発掘調査は実施されていないため、その位置や構造等は明らかとなっていない。今後、復元整備を進めていくなかで、これらの遺構の存在を明らかにしていくことにしたいと考えている。

（七）兵糧庫

現存する唯一の建物遺構

五稜郭築造当時には、奉行所の付属建物が二五棟ほど存在していたことが明らかとなっているが、そのうち唯一解体を免れ、現存している建物遺構が兵糧庫である。郭内南西側の本塁沿いに位置する土蔵造りの建物で、桁行一二間（約二一・八一メートル）、梁間五間（約九・〇九メートル）、平家建、切妻造、桟瓦葺き屋根の形態となっている。

この建物は、一八六四（元治元）年の五稜郭築造当時に設置されたもので、一八七一（明治四）年に五稜郭内の大半の建物と同時に解体され、払下げとなるところであった。しかしながら、五稜郭堀で行われていた氷切りにともなう氷室利用の申し出があり、結局そのまま残されることになったものである。

また、大正時代には、民間人の片上楽天が開設した「懐旧館」という箱館戦争を中心とする展示資料館としての利用がなされていた。その後、昭和期には特別な利用はされず、相当に荒廃が進んでいたために、一九七二・一九七三（昭和四十七・四十八）年度、本格的な解体修理工事が実施されることになった。

この工事にともなう解体調査の際に、板蔵状の建物が、もともとは土蔵造りであることが判明した。そこで、修理にあたっては、外壁の下見板張りを漆喰塗りに変更する形で復元工事が行われ、現在見るような土蔵の建物に再現されている（口絵4頁目参照）。

庇家付きの土蔵に復元

兵糧庫の漆喰塗りの外壁は、風雨に晒されて雨水が浸透し、冬季の凍結融解などにより部分的な崩落がつづいたことから、数回にわたる修理が行われてきた。これに加えて、内部床板等の腐食もいちじるしくなったため、大規模な改修が必要な状況となった。そこで、二〇〇一・二〇〇二（平成十三・十四）年度における保存修理工事にともない文献史料等の精査を行ったところ、当初の兵糧庫の正面側に庇家が付設していた可能性が出てきた。

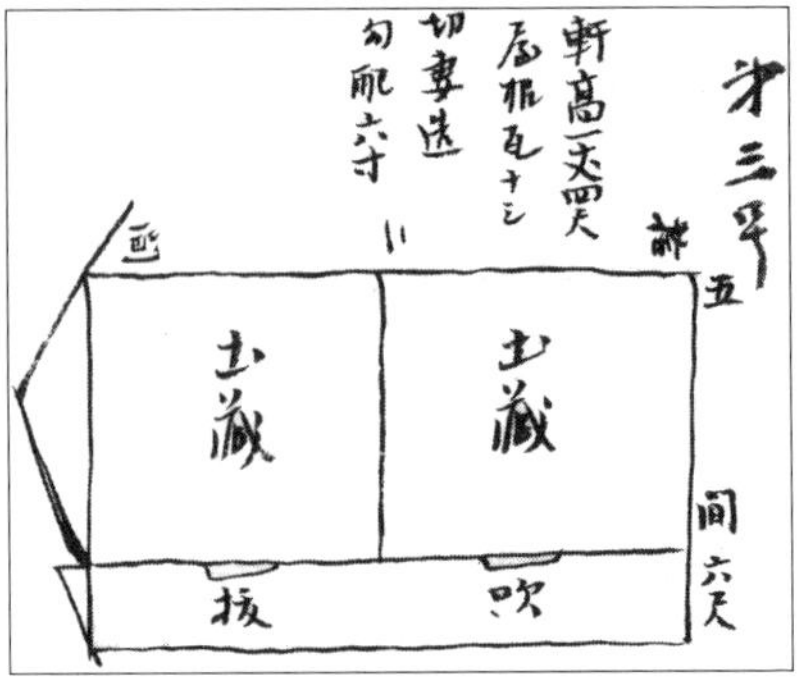

図54　開拓使公文録の土蔵平面図

一八七四（明治七）年一月の北海道開拓使公文録には、建物払下げの仕様書や平面図が掲載され、そのなかに「桁行拾二間、梁間五間、土蔵壱棟」と兵糧庫に該当するものが含まれていた。これに加えて、平面図には建物出入口側に六尺幅の吹抜けの記載がみられ、庇家が付設する構造であったことが判明した。また、一八七三（明治六）年十二月の文書のなかにも「桁行拾弐間、梁間壹間、附庇家」との記述があり、明治初期には庇家のある土蔵であったことが確認された。さらには、大正時代の絵葉書でも兵糧庫の二カ所の出入口部分に庇家が存在していたことが確認できた。

　このことから、明治から大正期には庇家が存在し、昭和時代に老朽化等により庇家を撤去したものと推定された。そこで、かつての庇家の位置や構造を確認するため、修理工事に先立って発掘調査が行われた。

　発掘調査は、兵糧庫東側（正面出入口側）の桁行方向に沿った形で長さ二二《メートル》、幅二《メートル》のトレンチを設定して行われた。トレンチ内を遺構確認面まで掘り下げたところ、一三カ所から庇柱穴地業とみられる遺構が確認された。それぞれの柱穴跡は、平面が約四〇から六〇《センチ》規模の方形や長方形状で、深さ三〇から四五《センチ》ほどの素掘り状のものであった。

　これらの柱穴跡列は、ほぼ一直線状に配置され、土蔵壁面からは約一・八《メートル》離れた場所に存在

図55　兵糧庫前庇家柱穴列遺構

していた。また、柱穴跡どうしの間隔は一・六八メートルから二・二一メートルまでほぼ一定の長さであった。これらの柱穴跡列と平面図や文献史料と照合した結果、記録にある庇家が存在していたことが明確となった。この結果を受けて、これまでの兵糧庫の本体に新たに庇家が取り付けられることとなったのである。

復元された庇家は、各柱間の基準を六尺および五尺五寸とし、出入口正面は七尺、両端間では六尺五寸となるもので、梁間六尺という奥行きがあり、バランスのとれた非常に安定した建物の形状となった。この庇家の復元整備以降は、正面側に直接雨水が浸ることはなくなり、漆喰壁面の保護にとっても有効なものとなっている。

3　付設の工作物跡

箱館奉行所および付属建物に関連して付設される工作物に、敷地や建物を区画する柵（裏板打柵矢来）、おもに建物の庭を囲う板塀、郭内や建物出入口の門などがあり、これらの遺構が郭内各所で確認されている。

裏板打柵矢来跡　奉行所庁舎建物の庭の空間を区画するものと、付属建物が配置される空間を区画するものがある。両方とも、基

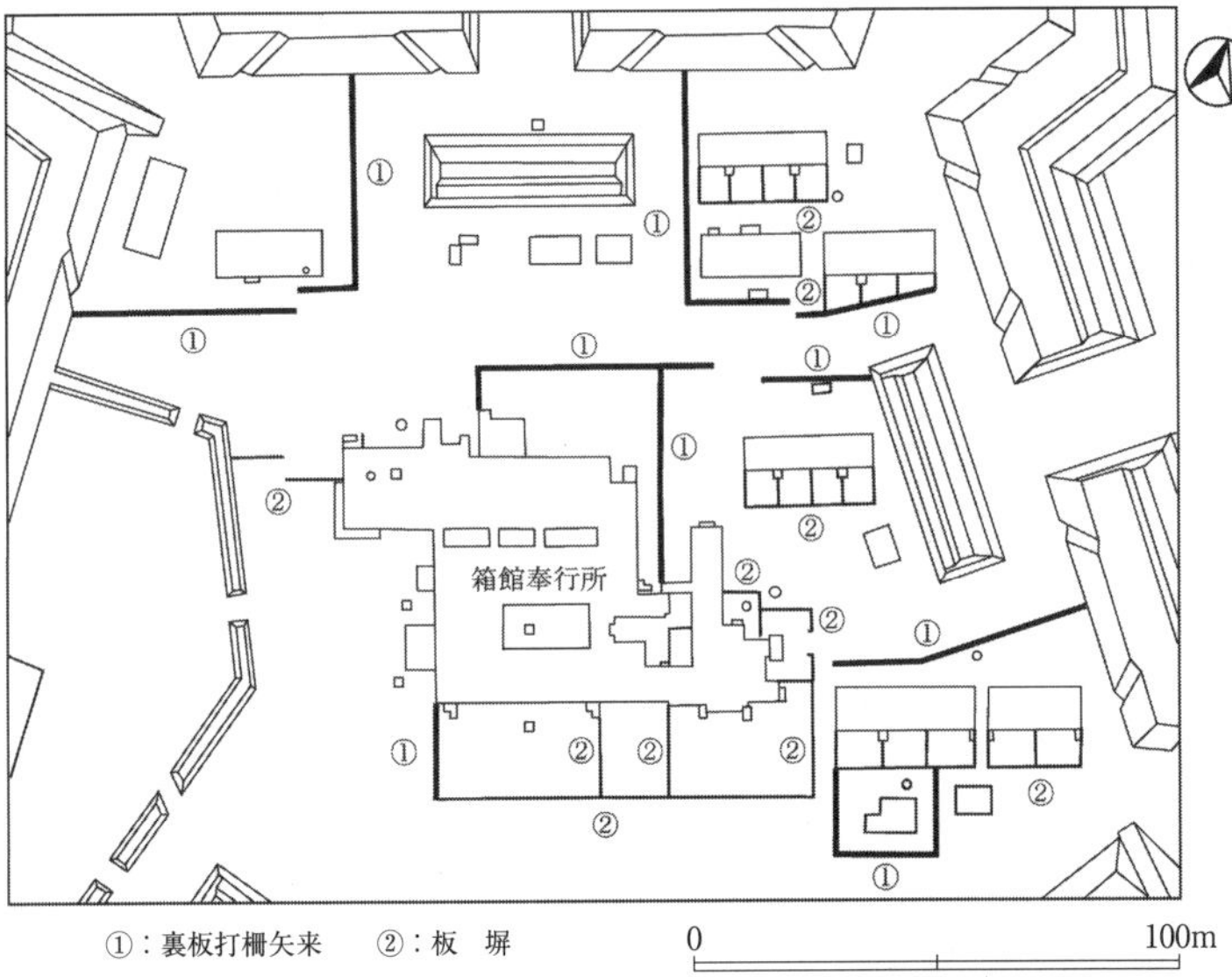

図56　裏板打柵矢来跡・板塀跡配置状況

礎地業は溝状に延長する掘り方となり、そのなかに三尺間隔で柱を建てる構造であったものとみられる。

溝の幅は、五〇から六〇センチ程度が大多数を占めている。そのなかで、最大幅は奉行所北側の庭を囲う七〇センチ、最小幅は奉行所厩の外周に巡らされる四〇センチのものがある。深さは、六〇から七〇センチ程度が多く、最小では五〇センチ、最大では一メートルのものがある。

また、溝の壙底は、柱の設置場所に当たる部分を方形状に掘り凹め、突き固められる例が多くみられる。この柵列には、各所に控え柱が設置されるが、その場合には、柱から控え柱までは三尺間隔で、控え柱どうしは六尺間隔に設置されている。

なお、この柵跡については、『五稜郭平面図』に裏板打柵矢来と記されるように、横板を打ち付

図57　裏板打柵矢来　溝状遺構、３尺間隔に柱を建てる（右：北西側、左：北東側）

けた柵であったものと推定される。また、文献史料では「角柵矢来」と角柵の形態であったことが記されている。確認された遺構からは、壙底の方形状の掘り凹み、さらには柱穴痕の平面プランがほぼ方形状となるなど、丸太柵ではなく角柵が設置されていたことを示唆しているようである。

板塀跡　奉行所庁舎および奉行家臣の長屋（手附、用人、給人、近中）の南側庭の空間を区画する見隠しの塀である。また、奉行所北側棟と小土塁の間を遮蔽する目的としても使用されている。

　基本的な構造は、地業が長楕円形または長方形状の掘り方となる。長さ約一・五メートルから二・二メートル、幅六〇センチから八〇センチ、深さ七〇から八〇センチ程度のなかに、柱を二本建てる構造であり、一本が直立する主柱で、もう一本が斜めに支える役割の控え柱である。この主柱どうしはほぼ六尺間隔に配置される。また、板塀どうしが接続する交点部分は、主柱のみで控え柱は存在しない。

文献史料では「笠木塀」と記されるように、上部に笠木を載せるだけの簡易な構造の板塀であったようである。

門　跡

郭内出入口に設置された門は表門一カ所、裏門二カ所（北側と東側）の三カ所であるが、これまでに発掘調査で確認されたのは、東側裏門一カ所のみである。

東側裏門跡は、東側本塁石垣の東側隅石部分から西側方向に約四・五メートルの地点において確認された。本塁の石垣面の間で、南北方向に延長する幅五〇から七〇センチ程度の溝状遺構で、南側・北側の両石垣面からそれぞれ中央部に向かって七・五メートルの規模となる。中央部付近では、約二・七メートル途切れ、この部分が門扉の出入口部分となる構造とみ

図58　板塀跡平面・断面

図59　板塀跡遺構配置状況

られる。

延長する溝状遺構に直交して、長方形状の基礎地業が六カ所確認された。また、中央部の途切れ部分でも二カ所の基礎地業が確認されている。いずれも、控え柱跡とみられる。

絵図面類においては、位置や構造を示す情報は得られていないが、文献史料からは桂材を使用し、二本の門柱の上部に横材を渡した冠木門の形態で、簓子下見板塀が両脇に接続する構造であったことがわかる。

なお、確認されていない表門と裏門（北側）については、今後発掘調査を行い、その位置と規模等を明らかにしたいと考えている。

次に、奉行所庁舎奥向の広鋪玄関前に設置された門跡は、二本の門柱と控え柱の基礎地業が確認された。

門柱の掘り方は、長方形と方形で、ともに大小の自然礫や切石を栗石や柱石として詰め、その上に柱を据え付ける構造とみられる。門柱の間口は七尺で、文献史料から冠木門の形態であったことがわかる。

郭内建物に付属する門については、この奥向の冠木門の他に、もう一カ所奉行所庁舎正面側の南側庭を区画する柵の途中に塀重門が計画されていた。しかしながら、発掘調査の結果では柵跡が連続することが確認されたことで、結局のところ塀重門は設置されなかったものと考えられる。

五稜郭への上水道敷設

役所が亀田へ移転された理由の大きな要因であった上水については、「赤川からの清流を引き入れ」と記録にあるように、亀田川から上水管を延長して給水が行われており、生活基盤を支える重要なライフラインであった。

亀田川は、函館市北部に位置する最高峰の袴腰

図60　郭外に敷設された箱型木樋

岳（標高一一〇八《メートル》）に源を発して、市の中央部に向かって流れる全長二〇・一《キロ》の二級河川で、現在でも上水道の大動脈となっている。

　五稜郭が築造された当時の亀田川は、五稜郭の北部付近で蛇行し、箱館港へと注いでいて、大きく蛇行する曲がり角付近に取水口が設けられ、暗渠による上水道木樋が設置された。この木樋は、一八六一（文久元）年頃に敷設されたもので、雄型と雌型を継ぎ手なしで直接繋ぐ構造となっている。延長の途中で、数カ所の中継桝を経由して、支配向役宅・同心長屋と五稜郭堀および郭内へと給水が行われた。

　取水口から堀にいたる本管には、長さ約四《メートル》、幅四五《センチ》で、内面には銅板が葺かれた刳貫式木樋が使用された。郭内へは、搦手橋の桁下を渡し、幅一尺の木樋が南側方向に延長している。そして、数カ所の中継桝を経由し、最終的には五寸幅

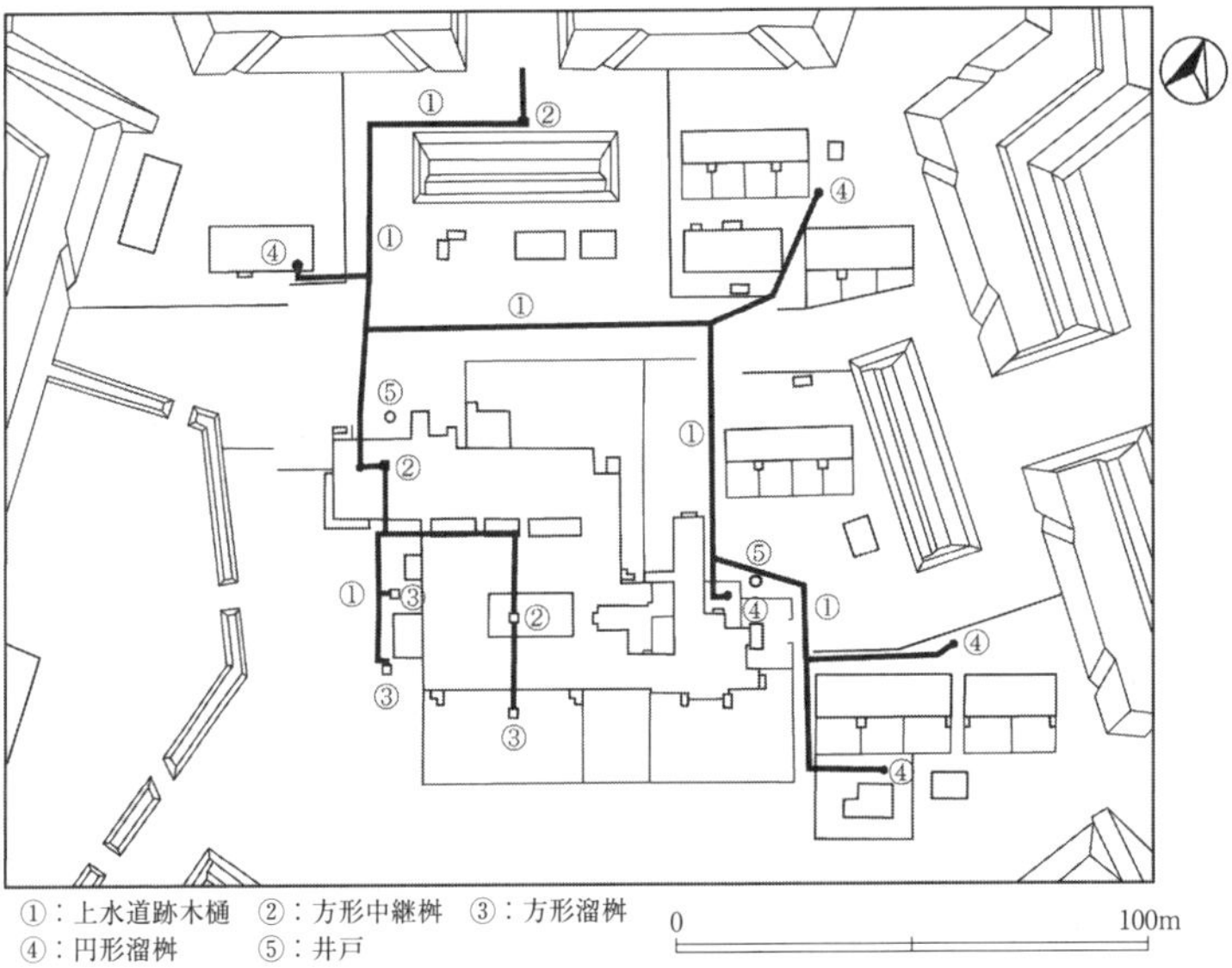

図61　上水道施設の郭内配置図

の木樋で延長して、奉行所庁舎および郭内各所の付属建物への給水が行われた。

郭内に敷設された五寸幅の木樋は、一本の木をくり抜いたものが使用されている。上部には木蓋が被せられ、折れ釘や鎹などにより固定された上で、地表面から六〇から八〇センチ程の深さに埋設された。郭内の北側から南側にかけての緩やかな傾斜に合わせ、水圧を利用して末端の水溜桝に給水する自然流下の構造となっている。基本的には、江戸における上水の典型である、神田上水や玉川上水と同様な手法により敷設が行われたものとみられる。

郭内各所の水溜桝　郭内に設置された水溜桝は、平面形が方形や円形のものがあり、その用途は中継桝あるいは溜桝であったとみられる。

方形状となる水溜桝は、比較的大型のもので、奉行所庁舎および周辺の合計六カ所で確認されている。

方形の中継桝は、三カ所に存在する。

一カ所目は、北側見隠塁付近の桝で、北側の搦手方面から延長する幅一尺の上水道木樋が接続する一辺八〇《センチ》規模のものである。木枠組のもので、西側に七寸五分の木樋が接続し、引き込んだ上水を郭内側へ配水する役割を担っている。

二カ所目は、奉行所庁舎北側棟内の土間の桝で、一・五×一・四《メートル》の規模で、西側木樋から給水を受け、南側に流れ出る構造である。台所の上水としての利用が考えられる。

三カ所目は、奉行所中庭に設置された桝である。二・七×二・三《メートル》の長方形状の素掘りのもので、北側と南側にそれぞれ上水道木樋が接続する。この中庭は、奉行所庁舎の四方の屋根からの雨水が集積する空間となっている。したがって、当初は中庭の排水処理に利用したものと思われた。しかしながら、北側と南側の木樋の接続部分では、ほとんど高低差がないことから、常時、桝内に一定程度の水を溜める役割を果たしていたと考えられた。この結果、冬場の中庭空間に堆積する雪の融雪処理に利用された施設である可能性が高まった。

方形の溜桝は奉行所庁舎正面側の二カ所と南側庭内一カ所に存在する。

奉行所庁舎玄関式台および内玄関式台脇の二カ所の桝の上部構造については、古写真から方形木枠組であった様子を読み取ることができる。北側の内玄関脇の桝は、一辺二《メートル》で、西側壁に接続する木樋から給水を受ける構造である。また、南側の玄関脇の桝は、二・四×二・二《メートル》で、北側に接続する木樋から給水を受ける構造となっている。この二基ともに素掘りのものであり、また玄関脇

図63　中庭の方形中継桝跡

図62　方形の中継桝跡

図64　南側庭内の方形溜桝跡

という場所の特性から、常時利用したものとは考え難く、おそらくは防火用水を目的としていた可能性が高いと考えられる。

　南側庭内の桝は、三・一×二・六メートルと方形桝では最大のもので、北側に上水道木樋が接続している。この木樋は、奉行所庁舎中庭の桝から延長しており、基本的には中庭のオーバーフロー分を溜めて南側庭の用水としての役割を担っていたものと考えられる。

　奉行所庁舎奥向きと付属建物の合計五カ所に設置された桝は、いずれも井戸代わりに常用した溜桝とみられる。設置箇所は、奉行所奥向きの台所流し場付近、郭内北西側の御備厩内、北東側の湯遣所付近、南東側の手附・用人長屋付近、奉行所厩付近である。この五カ所ともに円形の溜桝の構造となっている。それぞれの規模は、径一・一から一・二メートル、深さ七〇から八〇センチ程度で、複数の

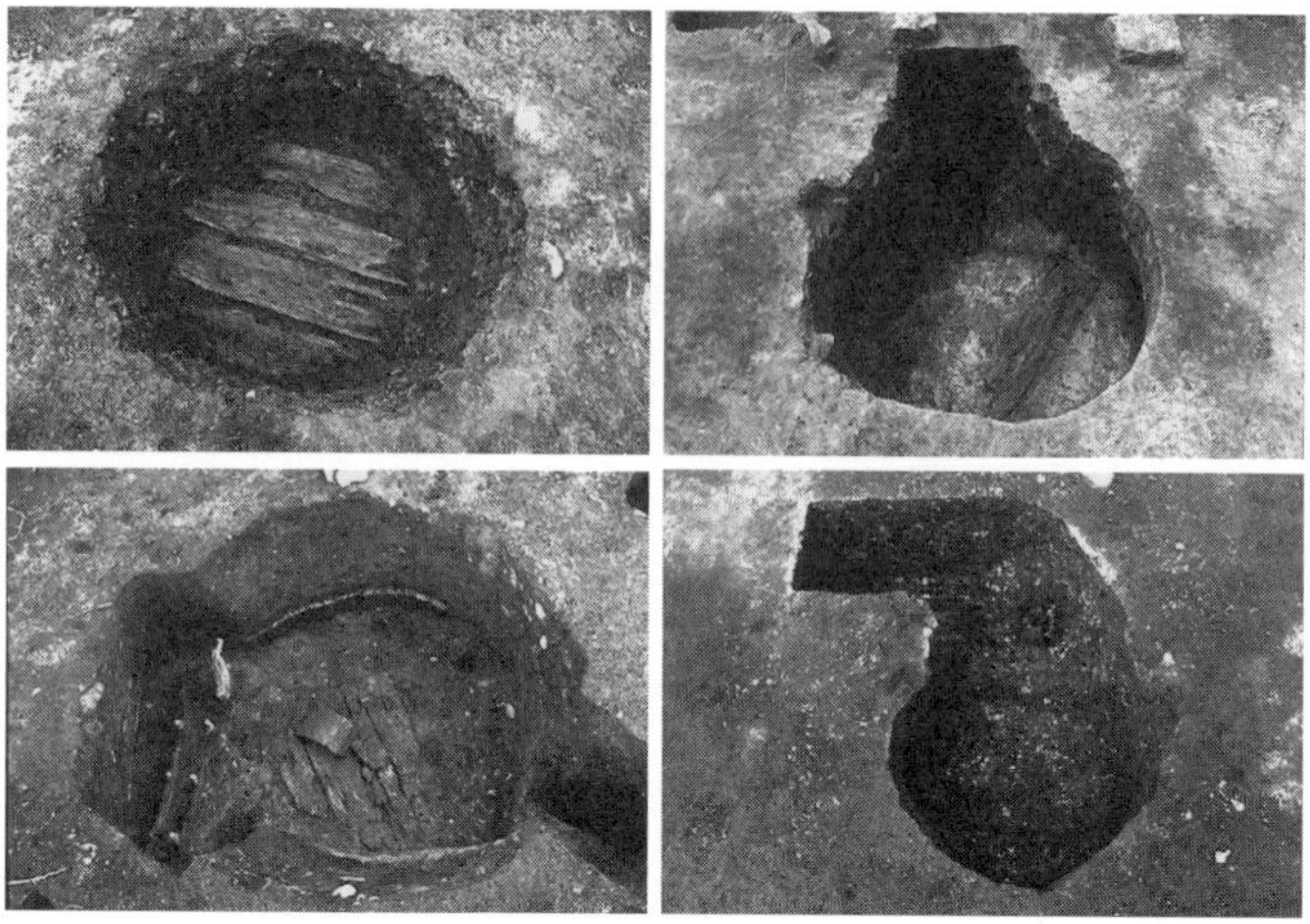

図65　郭内の付属建物跡周辺に配置される円形水溜桝跡

桝の底面に板が確認されており、丸桶を利用していたものと推定される。

掘り抜き井戸の存在

『五稜郭平面図』などの記述から、上水道の他に郭内の二カ所に、掘り抜き井戸の存在が知られている。このうち北西側に位置するものは、奉行所庁舎北側棟の台所付近にあり、郭内建物の大半が解体された以降もその姿を留めている。現在では利用されることもなく、上屋施設の老朽化もあって、その内部を埋めているため詳細は不明だが、円筒の井戸側の構造であったものとみられる。

もう一基の井戸跡については、東側の奉行所奥向きの台所付近に存在する。発掘調査で、径一メートル程の円筒桶形となる井戸側の一部を確認したが、湧水がいちじるしく調査続行が困難となったため、下部構造については未調査となった。おそらくは、井戸側を数段積み重ねた構造であったもの

図66　中庭の雨落ち溝跡

図67　敷石の排水溝跡

と考えられ、二基ともに非常用飲料水としての利用がなされていたものと推定される。

下水道施設の配置

五稜郭は低湿地帯の地形につくられたこともあって、生活用水を得られやすい反面、滞水することも多く、水はけが悪いという弱点もある。このため、排水処理が必要な箇所には適切な下水道施設が設置されている。

郭内建物屋根からの雨水処理のために、建物軒下に雨落ち溝が敷設されている。すべての建物まわりに配置することはないが、滞水しやすい箇所を中心として部分的にその痕跡が確認されている。とくに顕著な例として、奉行所庁舎中庭の南側に礫詰めの溝跡が確認された。この溝跡は、幅五〇センチ、深さ二五センチの素掘りのもので、なかに大小の河原石が敷き詰められている。その一方では、中庭の北側等に同様のものがなく、また中庭面が粘土で堅く敲き締められて水が浸透し難い状況にある。このことから、単に軒下の雨落ち溝の機能だけではなく、中庭空間の集水と排水を兼ねたものと推定される。

図68　上水道ラインに沿って配置される排水溝跡

また、この雨落ち溝跡と直交する形で、奉行所庁舎の床下を通過して南側の建物外へ通じている溝跡が確認された。溝跡は、東西幅一・六メートル、長さ南北約一五メートルの規模で、なかに石が敷かれており、どうやら排水路として利用された可能性が高い。さらには、奉行所庁舎南側棟の軒下相当部分でも敷石の列が確認されており、雨落ち兼用の水路となっていたようである。

このほかには、上水道木樋の経路と水溜桝の設置場所に沿う形で、溝状遺構が設置されている。幅四〇から四五センチ、深さ三〇センチ、底面が平坦となる溝跡で、両壁面際には径一五センチ程の杭跡が配列している。上水を大量に利用する場所との関係から、生活排水処理のための下水道施設として設置されたものと考えられる。

4　箱館戦争の関係遺構

五稜郭跡内において、箱館戦争当時に新設された建築物は、これまでの調査や記録上からも確認することができない。旧幕府脱走軍が五稜郭を占拠した際には、箱館府庁舎など居住のための施設は十分に備わっていた。おそらく、新築の必要性はなかったのであろう。これに対して、土塁を始めとする戦闘防備のための改造は、大鳥圭介の記録にみられる。しかしながら、詳細な記録ではないため、どの程度の改造があり、確実に箱館戦争

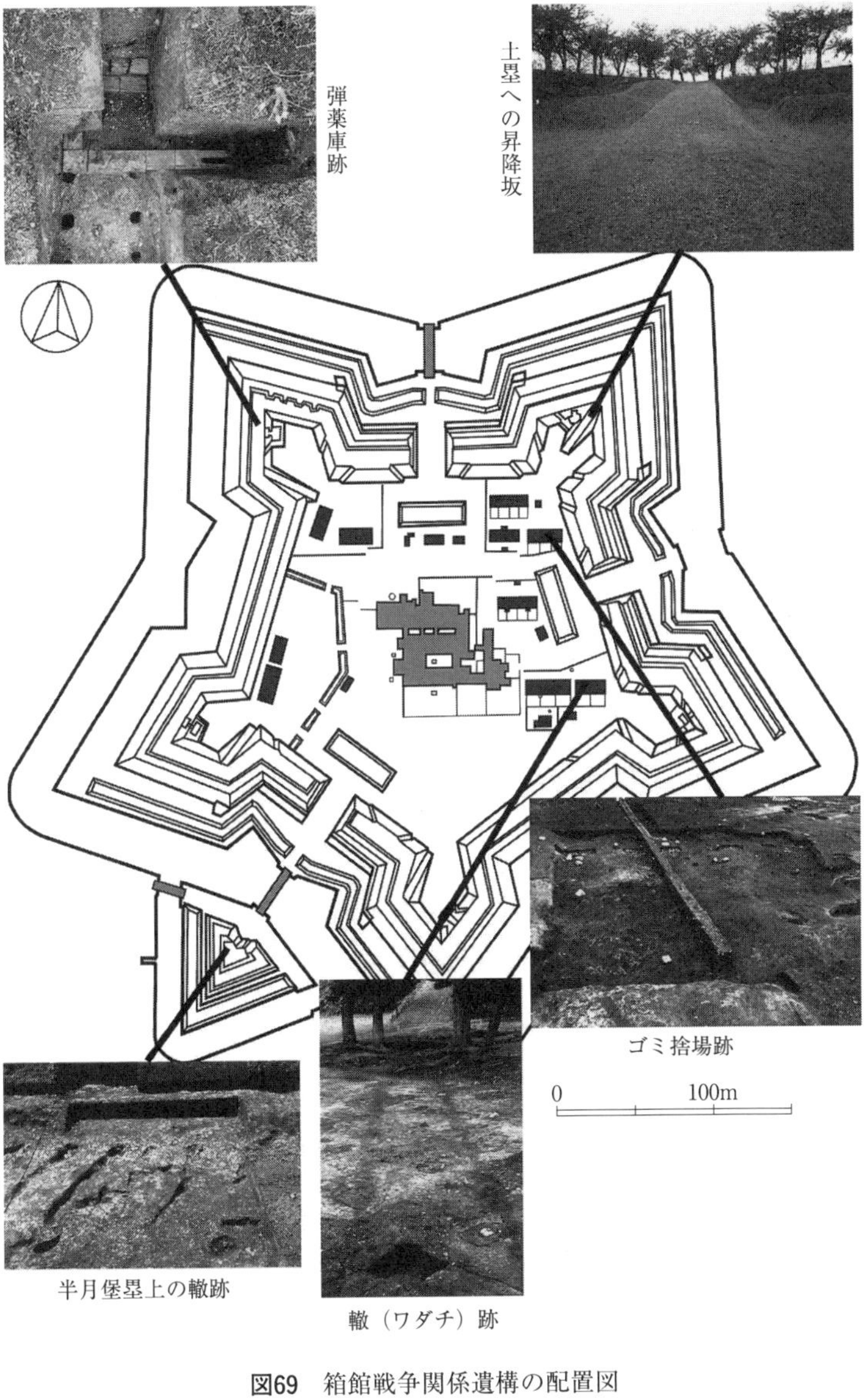

図69　箱館戦争関係遺構の配置図

と限定できるかどうかについての判別はむずかしい。ただ、箱館奉行所時代（箱館府を含む）の遺構と考えるには、整合性がないものがいくつか存在する。このため、遺構の状況からみて、箱館戦争時にかかわる可能性が高いと判断されるものについて、箱館戦争関係の遺構とした。

その遺構としては、弾薬庫跡、轍（ワダチ）跡、土塁への昇降坂、ゴミ捨場跡、小土塁の増設、土塁上大砲設置場所、半月堡塁頂上部などが該当するものと考えられる。

弾薬庫跡　郭内五カ所の稜堡の隅に六カ所の弾薬庫跡の存在が知られている。この六カ所については、一九〇一（明治三十四）年改訂『築城学教程巻之三』付録付図「五稜郭平面図」のなかに弾薬庫の位置が記されている。また、その注記には「木製ノ小弾薬庫幅員一邊三米の方形當時破壊其趾ノミ存スルモノアリ弾薬庫前ニハ小堆土ヲ設ケ以テ入口ヲ擁護ス而シテ弾薬庫ノ数六個トス」との記述がある。これに加えて、一九〇九（明治四十二）年の『築城史料』所収「五稜廓之圖」にも詳細な位置が記され、断面構造も読み取れる。このことから、明治陸軍省所管以前にすでに弾薬庫が存在していたことが推測される。

しかしながら、五稜郭築造時の『五稜郭平面図』『五稜郭目論見図』等の絵図面や文献史料にはまったく記載されていない。弾薬庫を設置する記述は弁天岬台場築造関係記録にはみられるが、五稜郭に関しては存在しない。したがって、箱館奉行所時代には弾薬庫が設置されなかったことになり、必然的に弾薬庫を最も必要とした箱館戦争時につくられた可能性が高くなる。

郭内六カ所の弾薬庫跡のうち、これまでに発掘調査で位置や規模、構造等を確認できたのは、北

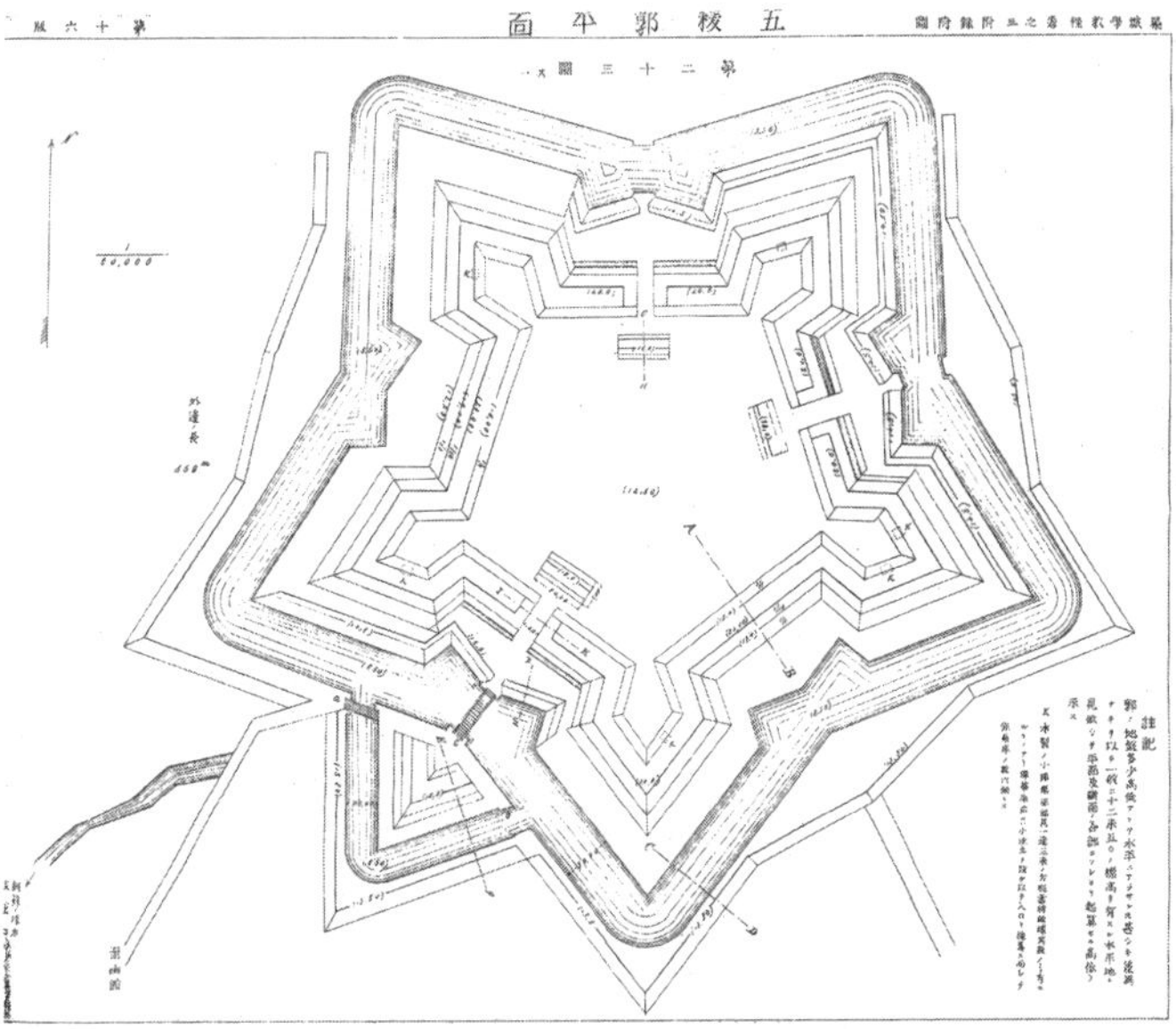

図70　『築城学教程』の「五稜郭平面図」

西側隅の一カ所である。

明治期の平面図の記述から、稜堡塁内側に存在する小盛土の後ろ側にあたる本塁中に弾薬庫が位置することを想定し、トレンチ調査を行った。その結果、本塁の積み土をくり抜いたなかで弾薬庫の遺構が確認された。その場所は、本塁の法尻から土塁内側に約二メートル入った地点で、第一に確認された崩落木材を取り除き掘り下げた段階で、南北方向にロの字形に巡らした敷石が検出された。

敷石は、幅約三〇センチ、長さ約四八センチ・九〇センチ、一二二センチの三通りの上面が平坦な石を繋げて配置する、桁行九尺×梁間四尺の規模であった。また、トレンチ壁の北側では、敷石上に設置された六寸角の柱材と六寸から八寸幅の板壁材が組み合った状態で発見された。構造的には、柱材の裏側に横板を繋げてはめ込み、板壁とした箱形の弾薬庫であったものと推定される。さらには、これ

図71　北西側弾薬庫跡

に付随する間口三尺五寸×奥行四尺の入口部も確認された。また、弾薬庫の前側の盛土の役割は、弾薬庫の目隠しであり、弾除けとするために、土塁内部をくり抜いた土を積み上げたものと推測される。

轍《ワダチ》跡と土塁の昇降坂

郭内南東側の用人長屋跡の東側角から手附長屋跡に重複して、二本の平行する溝状遺構が確認された。二棟の建物跡の解体後に付けられたものであり、発見当初は一八七一（明治四）年に建物が解体された際の攪乱と考えられた。しかしながら、この溝状遺構を観察すると、なんらかの重量物を搭載した台車が付けた轍跡の可能性が生じた。二本の溝状遺構の延長した先には、土塁上へ通じるスロープ（昇降坂）がある。この坂を昇り、土塁上に重量物である大砲を運搬したと考えた場合、この溝は轍跡であるという想定が成り立つ。

図72　二本の溝状遺構轍跡

とすると、この土塁上へのスロープも箱館戦争時につくられたことになるが、どうなのであろうか。そこで、スロープの法尻と用人・手附長屋跡の庭を囲う板塀の位置関係をみたところ、ほぼ接する状況になることがわかった。すなわち、建物や板塀が存在したときはこのスロープは十分用をなさないことになる。つまりは奉行所時代にはスロープは存在しなかったと考えられる。

また、郭内北西側においても土塁上へのスロープが後付けのものであったという根拠がある。北西側のスロープの法尻には、奉行所時代に使用された大量の陶磁器類が廃棄された大きなゴミ捨場が存在し、スロープの下へもぐり込む状況が確認されている。したがって、ここでもスロープとゴミ捨場は両立しないことになる。ゴミ捨場の窪みを埋めてからスロープがつくられたことは明らかである。

旧幕府脱走軍が五稜郭を占拠した直後に、改造が開始されているが、その一つとして、戦闘配備のために支障となる付属建物を解体し、土塁の一部を削平してスロープをつくり、土塁上に大砲を設置することになったのではないだろうか。

ゴミ捨場跡

郭内北東側の給人長屋跡とゴミ捨場が重複していることは以前に述べたが、実はこのゴミ捨場が箱館戦争時のも

図73　北東側稜堡への昇降坂と給人長屋跡のゴミ捨場跡

のである可能性が高いと考えられる。なぜならば、第一に給人長屋が存在した時点では、同時にその基礎を掘りこんでゴミ捨場はつくれない。これに加えて、ゴミ捨場のなかに箱館戦争時にもち込まれた可能性が高いワイン・ビール瓶が数多く含まれていたことからみても明らかと思われる。

もう一つ、このゴミ捨場の要因となった大量の土取りの時期も箱館戦争ならば、果たしてその土はどこへ行ったのかということである。それに見合うのは、郭内北東隅の土塁先端部に繋がるスロープへの利用と考えられる。他四カ所の土塁上へのスロープは、土塁の一部を切り崩してつくることが可能であるが、北東隅のスロープは他から大量の土を運搬する必要がある。したがって、土量が見合うかどうかはわからないが、給人長屋の基礎部分の土をスロープ築造の材料に転用したと考えてもおかしくはないと思われる。

小土塁の増設

郭内西側に延長する小土塁のうち、北側のアカマツの列植が途切れた先で、西方向に折れて本塁に接続する部分が新たな増設であることは、地上遺構の項で述べた。では、この増設の時期はいったいいつなのかであろうか。まず、この増設の小土塁が稽古場建物を解体した以降のものであることは明らかで、少なくとも奉行所時代とはならない。次に、一八七一（明治四）年以降と考えた場合は、明治陸軍省の五稜郭利用の頻度が低く、ほとんど必要性はない。そこで、箱館戦争時であった可能性が出てくる。箱館戦争時は非常時であったため、平時とは異なり、食糧確保が最重要である。西側の小土塁内のエリアは土蔵二棟と板庫一棟が存在する重要な空間であり、厳重に管理する必要性が生じたため、土塁を巡らすことになったと考えられないだろうか。

いずれにしても、箱館戦争時の改造が完成した一八六九（明治二）年三月末の五稜郭内は、不要とみられる付属建物などを解体・整理し、土塁上に大砲を据えつける準備に怠りない状況にあっただろう。そうすると、箱館戦争の際の五稜郭は、要塞化することが急務であり、郭内の込み入った建物配置は、むしろ障害物であったのかもしれない。

土塁上の大砲設置場所

箱館戦争時の五稜郭改造のなかでも、最も力が注がれたのが土塁上に設置された大砲であり、絵図や文献史料からその場所を特定できるものと考えられた。

「十一日戦争五稜郭より発砲応援之図」や「蝦夷錦」には、一八六九（明治二）年五月十一日の新政府軍箱館総攻撃の際に、五稜郭土塁上から七重浜や箱館港方面へ向かって大砲を発射している様子が描かれている。この大砲は、当時五稜郭の第七番砲手であった岩橋新吾（正智）が描いたスケッチ画のなかに構造がわかるものがあり、また文献史料の記述と照合すると、回転式二四斤長加農（カノン）砲であったものとみられる。

この回転式大砲の構造は、長さ一丈六尺（約四・八メートル）ほどの跡車付き関木の下台の上にカノン砲（二四斤砲）を載せた車輪付きの上台を組み

図74　函館戦争図絵に描かれた回転式カノン砲の図

合わせ、その下台の上を前後にスライドする形で利用するものであり、土塁上など幅がそれほど広くない場所でも設置可能であったようである。したがって、五稜郭土塁上には回転式カノン砲が設置されたことは確実なところとみられることから、その設置場所を特定するための試掘調査を行った。

調査の対象場所は、絵図にみられる港湾の特徴などから、ほぼ五稜郭跡北西側に特定できると考え、数カ所にトレンチを設定し、調査を実施した。調査にあたっては、大砲の砲眼の位置や土塁の角度等を考慮して臨んだが、結局のところ公園造成にともなう攪乱などにより、遺構等を明確にとらえることが困難な状況にあった。しかしながら、大砲設置場所の特定は数少ない箱館戦争の遺構を明らかにする上で重要であるものと思われる。このため、今後、もう少し調査対象範囲を選

図75　半月堡塁上の轍（ワダチ）跡

択・絞り込むことにより、大砲の設置状況を明らかにしていきたいと考えている。

半月堡塁頂上部　五稜郭跡南西側に存在する半月堡塁は、石垣積みの本塁、空堀、低塁などで構成され、正面入口を遮蔽する形で配置している。この本塁の頂上部は標高一七《メートル》ほどで、郭内との比高差は約三《メートル》あり、正面入口側はもとより郭外南西側周辺を見渡せる展望場所となっている。

五稜郭築造当時から、この半月堡塁上にはどのような設置物等が存在し、利用されていたのかは記録がなく明らかではない。そこで、半月保塁頂上部全体にわたる発掘調査を実施し、遺構の確認に努めた。この結果、大砲の設置に関係すると思われる溝状遺構、集石遺構などが多数検出されることになった。

半月堡塁頂上部土塁内側で、長さ二・六から五メートル、幅約一メートルの長方形状の集石遺構が四カ所で確認された。また、この集石遺構と組合わさる形で、長さ一から二メートル程度の溝状遺構が複数本配置していた。集石遺構と溝状遺構の組合せは、車輪付きの重量物が可動していた痕跡を示すものと思われ、大砲の設置に繋がるものと考えられた。奉行所時代には大砲が設置されていない可能性が高いため、やはり箱館戦争時に関係したと考えて良いと思われる。

5　発掘調査で出土した遺物

郭内の発掘調査によって、箱館奉行所庁舎建物の建築材や役所勤務の役人たちの使用した生活道具類などが数多く発見されている。

全体的な出土傾向としては、奉行所庁舎および付属建物の周辺に比較的まとまりがみられた。そのなかでも、屋根瓦は建物軒下に集中する傾向が高い。陶磁器を中心とする生活道具類は、台所周辺に多く分布するが、それほど集中することはない。むしろ、生活道具類が大量に発見されたのは、郭内北西側および北東側の二カ所に存在していた大きなゴミ捨場のなかからであった。

出土した遺物の大半は、奉行所時代から箱館戦争時にいたる幕末から明治初期に属するものである。それは、五稜郭が完成した一八六四（元治元）年以降から一八六九（明治二）年五月までのほぼ五年間において利用されたものとして特定できる。このように、比較的狭い時間幅のなかに限定できることに加えて、二カ所のゴミ捨場も厳密にいうと時間差があることが判明した。それぞれのゴミ捨場と他の遺構との重複関係から北西側は奉行所時代、北東側は箱館戦争時とほぼ断定できるものである。しかしながら、時間的には非常に近く、また出土遺物の違いもほとんど区別することはできないことから、その違いを明確にすることはむずかしい。

　なお、出土遺物のなかには、明治期に五稜郭を所管した陸軍省使用のものもごく一部ではあるが確認されている。また、大正期および昭和期の公園時代のものは、明らかに花見や遠足・運動会等の廃棄物と判断されるため、サンプル資料採集に止めている。

　次に、出土遺物の種類ごとにそれぞれの特徴を記述したい。

（一）瓦　類

　屋根瓦は、出土遺物のなかで最も数量が多く、また広範囲に分布しているものである。ただ、小破片のものが多く、瓦の枚数は決定しがたいが、数百枚相当の量は採集されている。これらの瓦は桟瓦葺き製品が大半を占め、本瓦葺きのものはほとんどみられない。

　瓦の焼成状況からみて、赤褐色系や黒褐色系の釉薬がかけられるものと、素焼き状となるものがある。そのなかでも、赤褐色系釉薬瓦が最も多く全体の七～八割程度である。

　瓦の種類としては、桟瓦、軒瓦、角瓦、丸瓦、巴瓦、鬼瓦、棟止瓦、棟瓦（雁振瓦）、熨斗瓦、袖瓦、文字瓦、面戸瓦などがある。そのなかでも数量的には、屋根面積の大部分を構成する桟瓦が圧倒的に多くを占めている。この桟瓦の規格は、三二×三一センチと比較的大きなサイズで、一坪あたり四九から五〇枚を葺く「四九判」に相当するものである。また、多くの桟瓦の一部には釘穴が開けられていることから、銅釘を打ち、銅線で繋ぐ工法がとられていたことがわかる。

　桟瓦の色調と規格からみて、その産地は多雪地

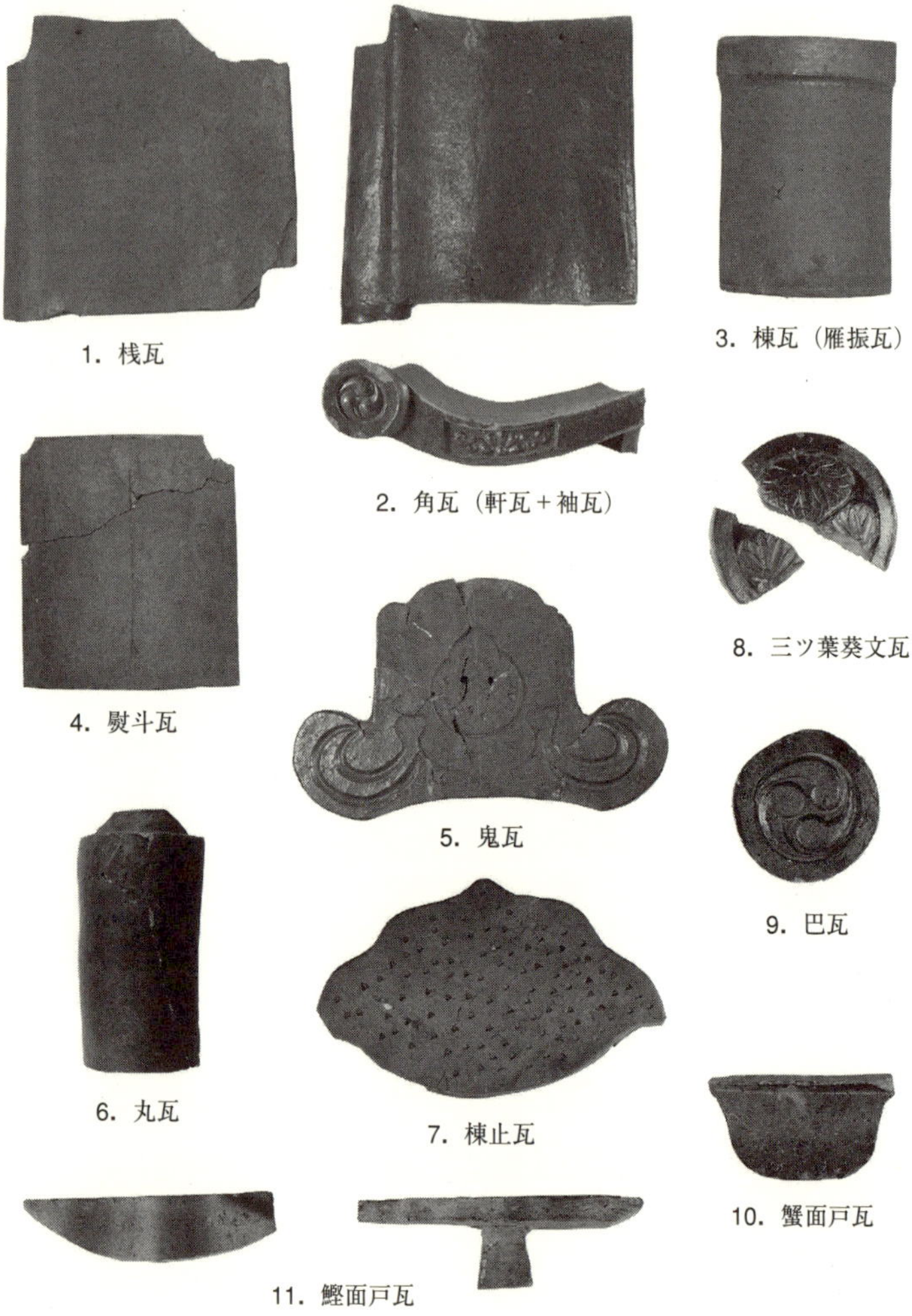

図76　五稜郭出土の屋根瓦

帯の北陸地方の可能性が高いものと考えられた。そこで、赤褐色となる釉薬を分析したところ、鉄成分を含む結果が出た。このことから、この釉薬が「ベンガラ（酸化第二鉄）釉」である可能性が高まった。北陸地方における赤褐色系瓦の産地はいくつかあるが、ベンガラ釉の瓦を生産したのは、ほぼ越前（現福井県）にかぎられていることも判明した。また、軒瓦などに比較的多くみられる黒褐色系の釉薬にはマンガンが含まれるという分析結果が出ている。

今のところ、越前あるいはその周辺が産地である可能性が考えられるが特定はできていない。いずれにしても、五稜郭築造時に北陸地方から瓦職人が派遣されたこととの繋がりがあったものと思われる。なお、素焼き状の瓦の産地特定はむずかしいが、あるいは瓦職人が箱館において生産していた可能性もある。

ところで、瓦の本来の役割は屋根材であるが、なかには建物基礎の割栗石として転用した事例もみられる。また、この他では柵沿いの通路整備に熨斗瓦が利用された事例もみられるなど、五稜郭における瓦利用は多様なものとなっている。

(二) 陶磁器類

出土した陶磁器類では、雑器を主体とする瀬戸美濃系製品と信楽を主体とする関西系製品が数多く出土している。これに対して、やや上手である肥前系製品はそれほど多く出土することはない。時期的には、ほぼ和暦年号銘「文久年製」にみられるように、ほぼ文久年間から慶応年間（一八六一～一八六八年）に製造されたものが大半を占めているようである。これらのなかで、瀬戸美濃系と関西系の製品については、ゴミ捨場などに集中する傾向が多くみられた。また、肥前系は奉行所庁舎

図77　瀬戸美濃系陶磁器　湯飲碗

台所や奥向などを中心に分布するような状況であった。

器種別では、碗類（湯飲・飯・煎茶等）、皿類（大・中・小皿等）、土瓶、水滴、徳利類（通い・燗徳利等）、火入、急須、蓋物、段重、瓶類（香油・コンプラ瓶等）、小杯、合子、蓮華、焜炉、鍋類（外耳・行平鍋等）、鉢、甕、壺、擂鉢、灯明皿、油注、紅皿など多種多様であり、なかでも碗類や土瓶の占める割合が高い傾向にあった。

瀬戸美濃系陶磁器　瀬戸美濃系の製品では、碗類が大量に出土し、なかでも湯飲碗の占める割合が高い。正確な出土個体数は決定しがたいが、おそらくは数百個体分にのぼるものと考えられる。

この湯飲碗は、口径一〇センチ前後で、高さ五センチ程度の端反形となるものが大半を占めている。器外面の文様では、草花文を始めとして松葉文、河骨

図78-１　瀬戸美濃系陶磁器実測図（湯飲碗）

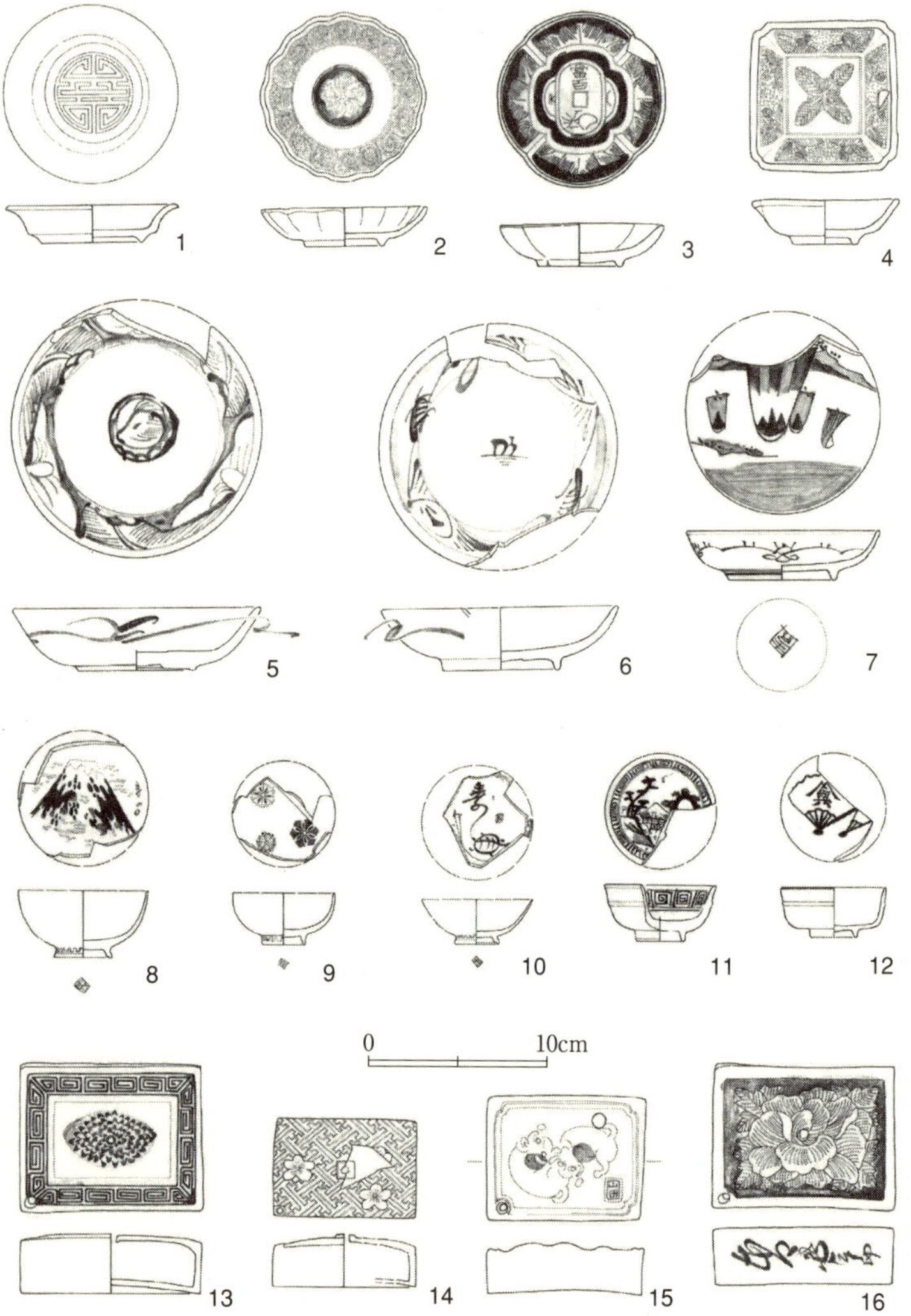

図78-2　瀬戸美濃系陶磁器実測図（1～7：皿、8～12：小杯、13～16：水滴）

文、吉祥文、巻線文などの組合せにより構成するものが多くみられる。また、器内面の見込みには、吉祥文の他に「文久年製」「成化年製」「太明年製」などの年号が記されるものがある。

　これらの湯飲碗については、とくに郭内北西側のゴミ捨場に大量に廃棄されていたものである。同一の種類で多くの個体数があることから、頻繁に使用されていた雑器であることがわかり、おそらくは奉行所庁舎北西側の訴所や湯呑所を中心とする場所での利用が多かったものと考えられる。

　皿類としては、径一〇センチ前後の小型の丸皿や角皿が多く、その大半が型打ち成形による手塩皿とみられる。

　また、文房具である水滴も比較的多数出土している。いずれも長方形状で、中央と一角の二カ所に孔が開けられているものである。なお、この製品の多くも北西側のゴミ捨場からの出土となっている。

　瀬戸美濃系製品のなかでも特徴的なものの一つとして、瀬戸美濃地方で素地を製作した後、江戸などで絵付けを施したといわれる小杯がある。これらは、天保から慶応年間頃までの幕末期にかけて流行したとされるもので、薄手で口径六センチ、高さ三センチ前後のものが多い。

関西系陶器

　関西系の製品は、そのほとんどが陶器で信楽の製品の割合が高いとみられる。そのなかでも、土瓶が最も多く、他には徳利類、灯明皿、油注、鍋類、甕、壺、擂鉢など多様なものが存在している。これらは信楽が主産地と考えられるものの、京焼などを含むさまざまな窯製品であったことも否定できない。

　蓋と口の数量からおよそ二〇〇個体以上と推定される土瓶については、北西側のゴミ捨場から出土する傾向が高いものであった。数量的には瀬戸

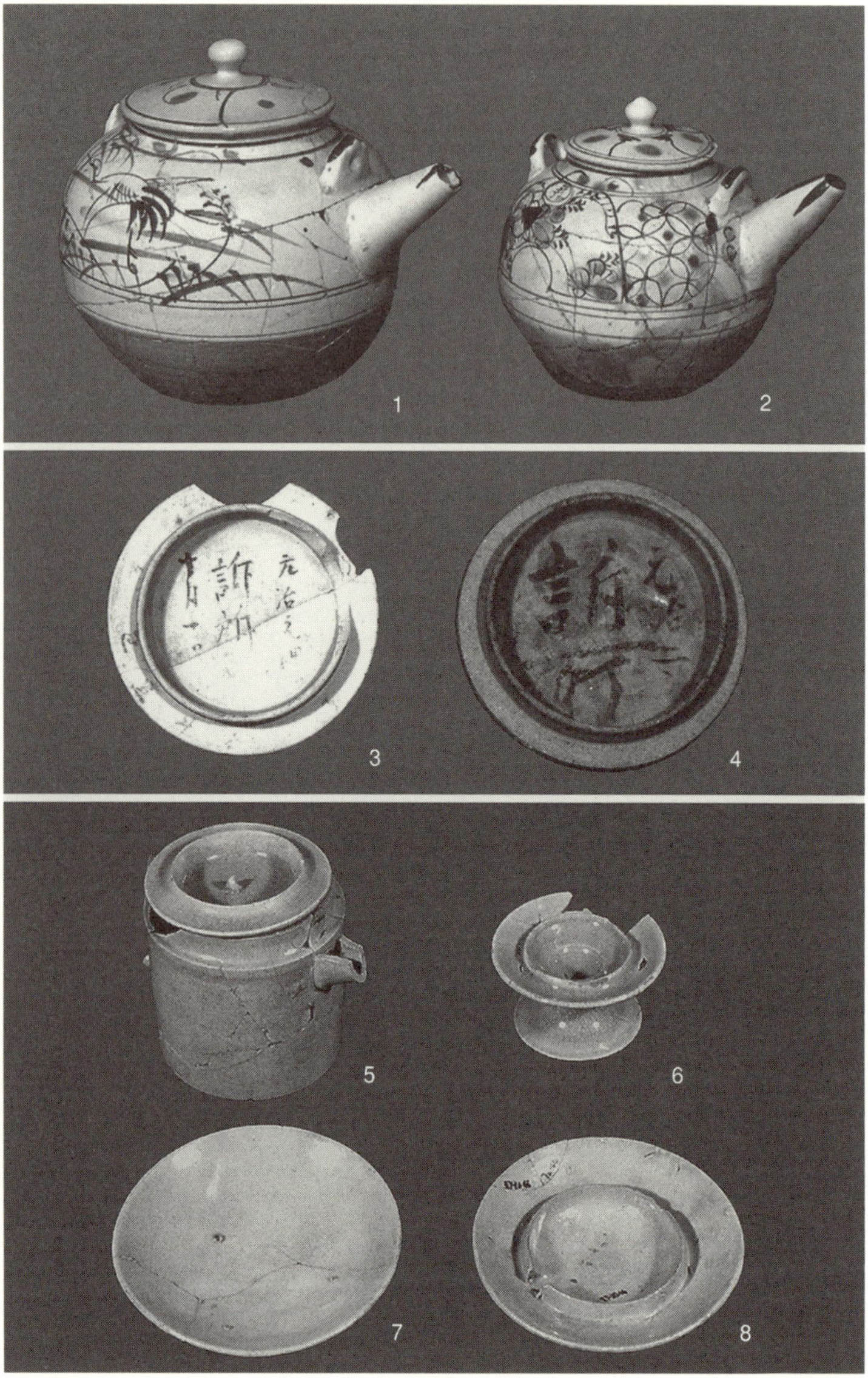

図79　関西系陶器（1・2：信楽系土瓶、3・4：土瓶蓋、5～8：灯明皿等）

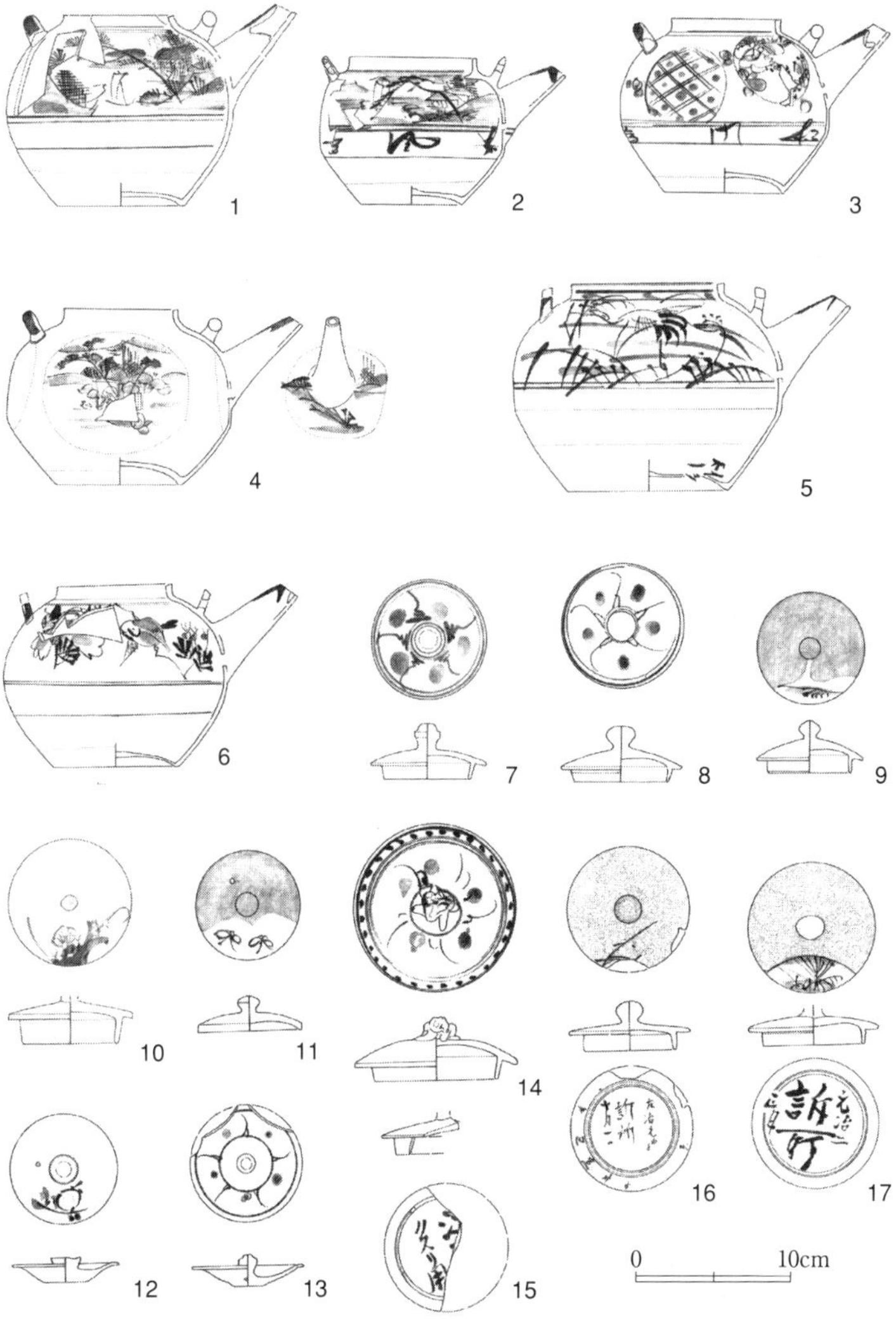

図80−1　関西系陶器実測図（1～6：信楽系土瓶、7～17：土瓶蓋）

図80-2　関西系陶器実測図（1～3：徳利、4・5：行平鍋、6～9：灯明皿等）

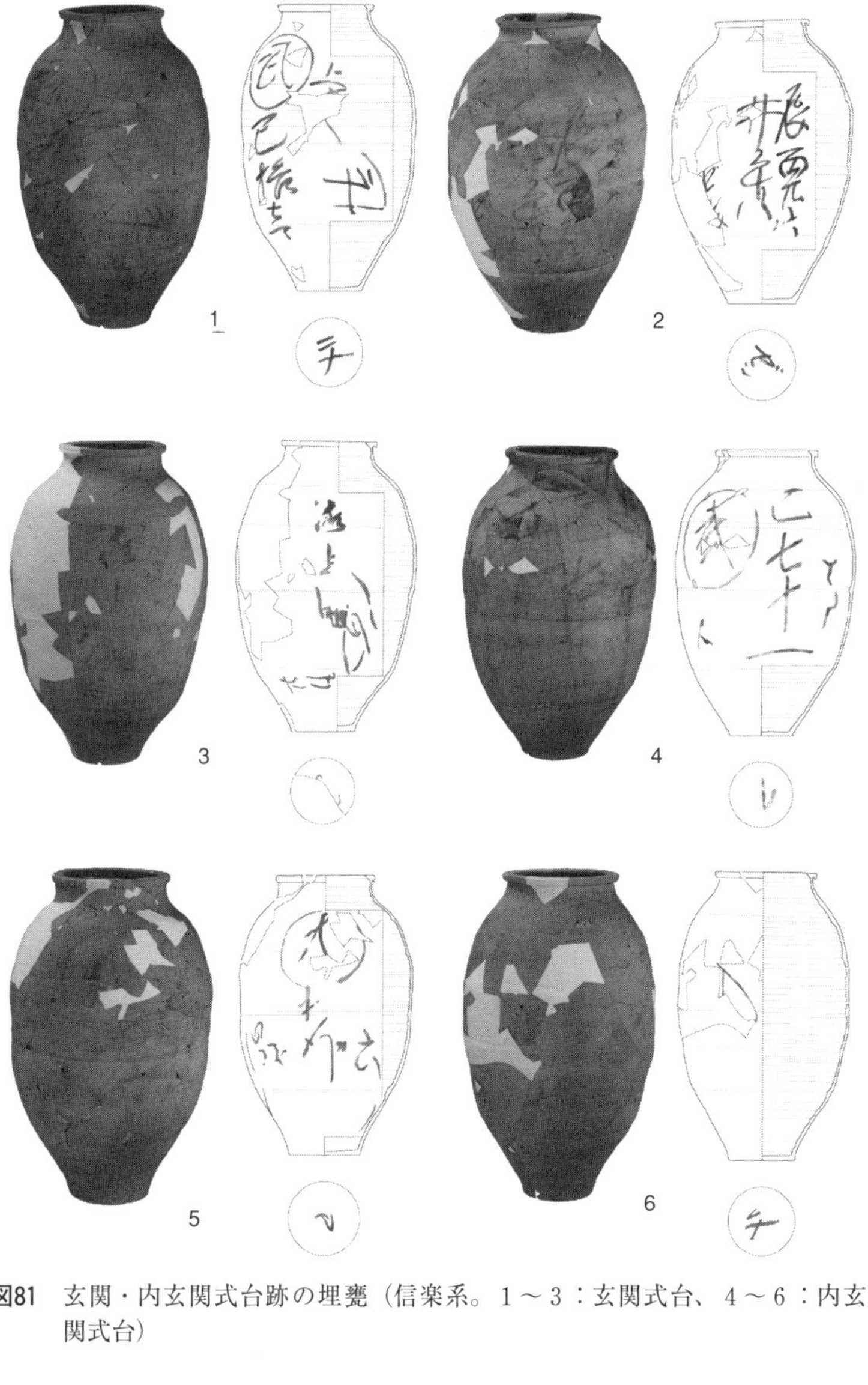

図81　玄関・内玄関式台跡の埋甕（信楽系。1～3：玄関式台、4～6：内玄関式台）

美濃系の湯飲碗とあわせて使用されていたことを物語っているように思われる。この土瓶類のなかの蓋の内面に、年号や使用場所が墨書で記されたものがある。一つは、「元治元年甲子訴所十月一日」であり、もう一つは「元治二訴所正月」と記されている。この元治元（一八六四）年は、奉行所の業務が開始された年号であり、訴所は奉行所北西側棟のなかの場所を示すものである。まさに使用された時期と場所を特定できるものといえる。この他に、「クスリ用」など容器の用途を示した墨書も存在している。

通い徳利や燗徳利などの徳利類も比較的出土量が多くみられ、信楽産の可能性が高い。なお、通い徳利は、酒器以外に行灯用油保管のための油徳利としての利用も考えられる。

数量的にまとまって出土したものでは、灯明皿と油注がある。当時の必需品としての灯り道具であり、ほとんどのものが信楽製品で占められているものと考えられる。

生活道具としてではなく、建物関連遺構として出土したものに、玄関および内玄関式台の板の間下に埋められていた大甕がある。全部で八個体分が確認された。いずれも、高さ八〇チ《セン》から八五チ《セン》の大形のもので、頸部が短く、口縁部が窄まる器形となっている。器外面は無釉となり、器内面に鉄釉が施されるものである。また、この八個体のうち六個体の器表面と底部に墨書が記されている。個体ごとに書かれている文字等は異なり、窯印と思えるものや判読可能なものもあるが、何を目的として描いたものかはわからない。

この大甕は信楽産である可能性が高く、類似する器種として種壺あるいは茶甕がある。果たして、保存用の容器を転用して埋甕としたものであろうか。最初から埋設用の特注品であったものか、今のところ類例についてはほとんど知られていない。

肥前系磁器

肥前系の製品としては、碗類、鉢類、皿類、段重、蓋物、徳利、火入、瓶などがおもなものであり、そのほとんどが磁器である。このなかには伝世品が多少含まれるものの、大方は幕末最終期とみられ、数量的には多くない。また、雑器類といえるものは少ない。

碗類のなかでは、瀬戸美濃系が圧倒的に湯飲碗が多いのに対して、肥前系では蓋付き碗、飯碗などがみられる。その器形も丸腰形、端反形、天目・広東形（広東碗）、腰突形、筒形など、バラエティに富んでいる。これに加えて、染付の文様も唐草・唐草花文や松竹梅を基調とする文様が主で、蛸唐草文や網目格子文なども比較的多い。

六角形や八角形の磁器製深鉢は、腰突形で波状の口縁部となる器形で、数量的には少ない。また、中央部を円く削り、釉薬を剥ぎ取る「蛇ノ目凹形高台」の成形技法などに特色がみられる。

皿類では、大・中・小の三種類があり、丸皿、角皿、多角形皿などの器形がみられる。成形技法の特徴として、ロクロ成形に加えて型打ち成形を併用したものが多くみられる。中皿の輪花形のものは、深鉢と同様に「蛇ノ目凹形高台」が多く、丸皿のなかには、見込みを釉剥ぎとした事例もある。

段重は、器が筒形、蓋が山蓋のもので、三段重ねが大半となる。また蓋物は、器が丸形碗状、蓋が平蓋となるもので、段重とはならない。段重・蓋物ともに器外面に松竹梅文や吉祥文など多種多様な文様が染付されている。

徳利は通い徳利の大半が関西系の製品であり、肥前系は燗徳利の一部で、数量的にはわずかである。これに対して、円筒形となる火入は肥前系の

図82　肥前系磁器（1～4：碗、5～10：皿、11・12：火入）

図83-1　肥前系磁器実測図（1～7：碗、8・9：蓋物、10～13：段重）

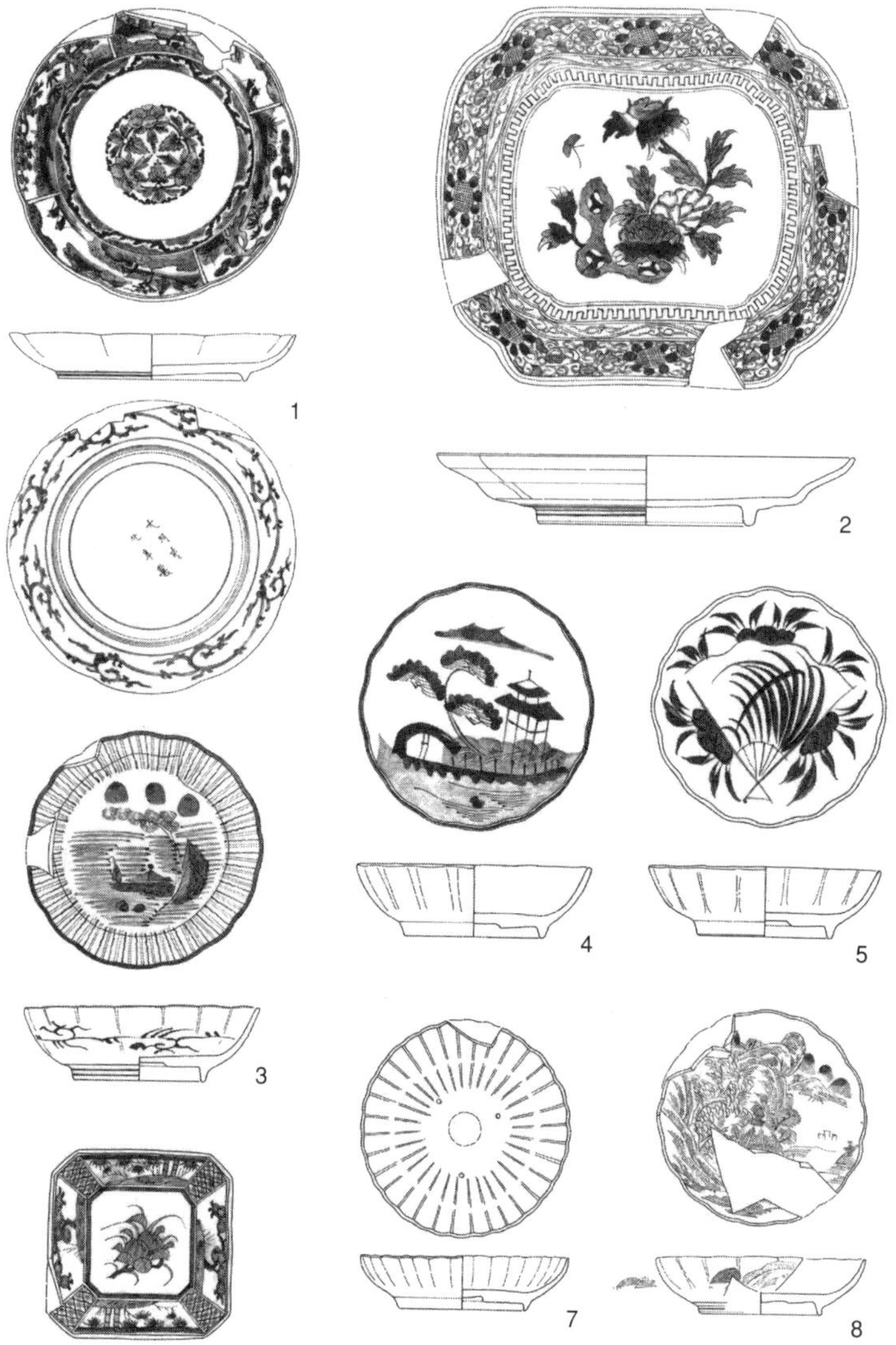

図83- 2　肥前系磁器実測図（皿）

割合が多い。火入は口唇部と器外面に釉薬が施されるが、器内面と底部面は露胎するものとなっている。

コンプラ瓶

肥前系磁器のなかにあって、特異な事例となるものに輸出用磁器のコンプラ瓶がある。このコンプラ瓶については、おもにヨーロッパへの輸出用に製作され、国内の消費地にはほとんど出回ることがない磁器製品である。ほとんどが肥前の波佐見で生産され、幕末期を中心として、長崎出島から東南アジア経由でヨーロッパへ出荷されていたと伝えられているものである。

このコンプラ瓶の語源は、ポルトガル語の「コンプラドール」（仕入れ係などの意味）からきた「コンプラ仲間」とよばれる買物使である特権商人が取り扱ったことから付いたとされる。酒や醤油を入れる瓶であり、別名で「蘭瓶」ともよばれている。高さ約二〇《センチ》の燗徳利に類似した約〇・五《リットル》程の容積の器で、器内面と畳付部分を除き、白濁釉や灰釉などが施されている。

この器の最大の特徴は、瓶の器肩部分にオランダ語で呉須書きされていることである。この呉須書きは、大きく二種類あり、その一つは「JA-PANSCHZAKY」（日本の酒の意味）で、もう一種類は、「JAPANSCHZOYA」（日本の醤油の意味）である。また、なかには「1 STE SOORT」（日本第一級の意味）と書かれるものなどもある。

これまでの発掘調査出土例としては、長崎出島から出土したものが圧倒的に多く、それにつづくのが五稜郭出土のものである。五稜郭から多く出土するのは、果たしてヨーロッパに対する開港場であるという理由によるものであろうか。それとも、ただ単に九州からの積荷に偶然に混載していたものか。明確な答えはみつかっていない。

図84 輸出用磁器 コンプラ瓶実測図

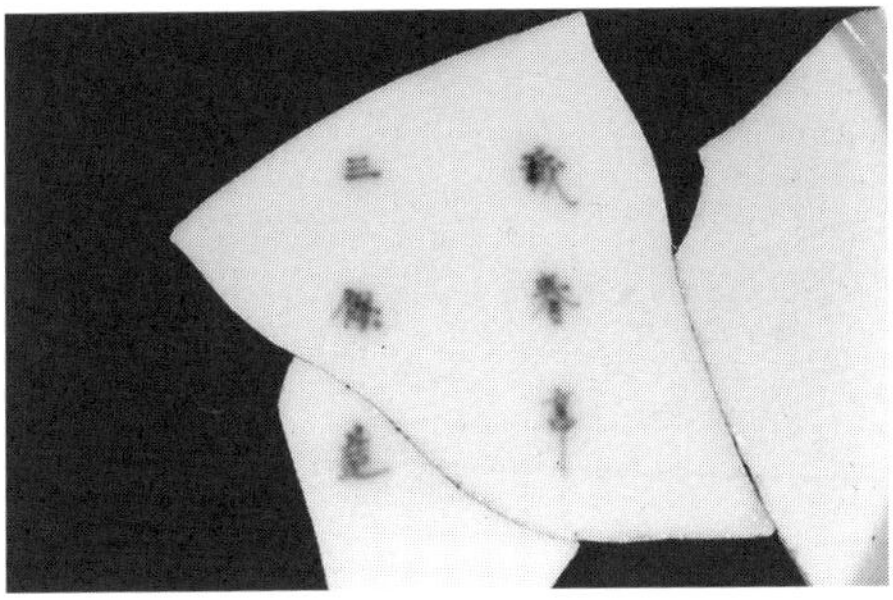

図85　「蔵春亭三保造」銘の磁器皿

もう一つの輸出用磁器

非常に薄手の磁器皿の高台内に「蔵春亭三保造」という焼造窯の染付銘款がみられる有田産の製品がある。この銘款は、幕末期に高級磁器をヨーロッパへ輸出していた陶磁器製造・販売商人である九州の久富家の称号である。また、幕末の箱館では、一八六〇（万延元）年から佐賀藩士の武富平作による肥前陶磁器の販売が行われていた記録がある。この二つの間の関連性については、確実なことはわかっていないが、久富家が北海道と千島の間の交易を開拓していたとの記録があることから、箱館が関係していた可能性は十分にあったかもしれない。

輸出用の高級磁器皿は、二～三枚分の破片資料ではあるが、対外交易などとの関連性を考える上でも貴重なものといえよう。

陶磁器焼継ぎ技法

出土した肥前陶磁器のなかには、破損した際に焼継ぎ補修をして接着された痕跡のみられる製品が数点存在する。これは、白玉とよばれる鉛ガラス（フリット）を用いて、低火度で焼いて接着させる補修の方法である。幕末期の江戸においても、焼継ぎの商売として流行していたといわれている。どうやら幕末期の箱館においても存在したようで、高台内には焼継師の屋号とみられる朱書きがあるものも存在する。

五稜郭出土の陶磁器では、鉢、碗、蓋物などの肥前系製品に多く認められる。このなかで、蓋物

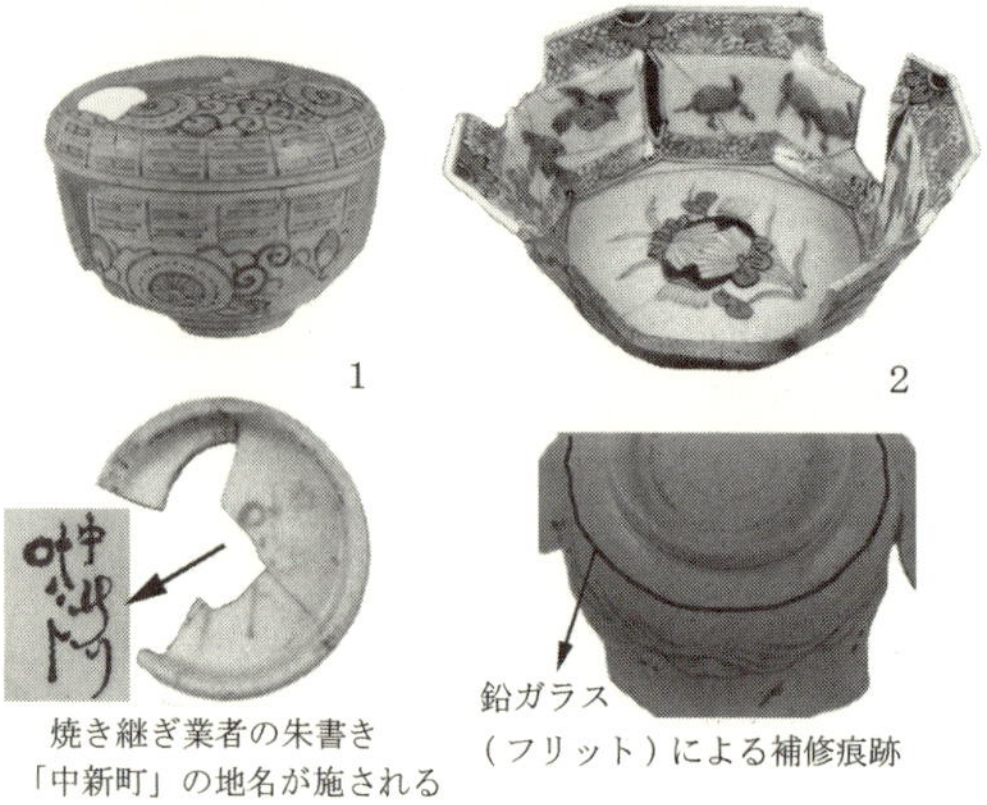

図86　陶磁器焼き継ぎの痕跡
（1：蓋物、2：八角鉢）

の高台内に「中新町○〆□印」と読める製品が存在していた。この製品を基に、焼継師の存在を探ったが、幕末当時の箱館には「中新町」の地名も焼継師の記録も見当たらなかった。ところが、近隣の江差町には、江戸時代から「中新町」に該当する諸職人が在住する町名があり、一八六九（明治二）年の記録にも瀬戸焼継師の存在が記されている。おそらくは、江差の職人が箱館に行商した際に補修したものと思われる。補修してまで再利用を図ったのは、やはり肥前系製品が瀬戸美濃系にくらべて値段が高く、入手しにくい貴重品であったためであろうか。

箱館焼

「箱館焼」は、箱館奉行が蝦夷地経営のための殖産興業として試作した陶器である。一八五九（安政六）年から箱館山麓東側の谷地頭に登り窯を設けて作陶を開始したとされる。この際、箱館奉行は岩村藩を仲介に、美濃の陶工為治・岩次に依頼して試作を行い成功をみている。そして、川汲や尻岸内などから土石を採取し、製品の製作に励んだといわれる。こうして完成した製品には、器外面などに「箱館」「函館」「函製」などの呉須書きや印が記されている。

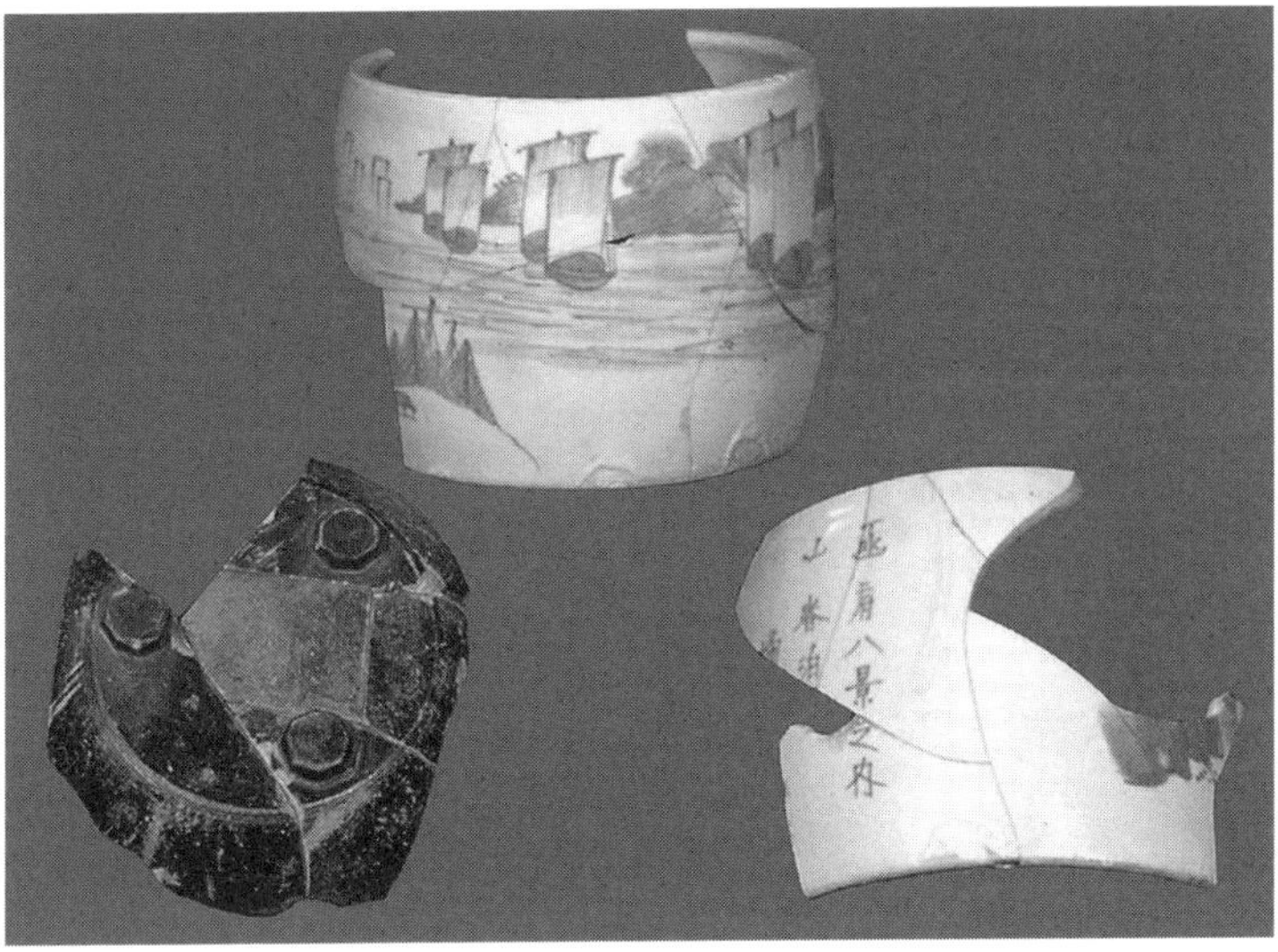

図87　箱館焼（火入・焜炉）

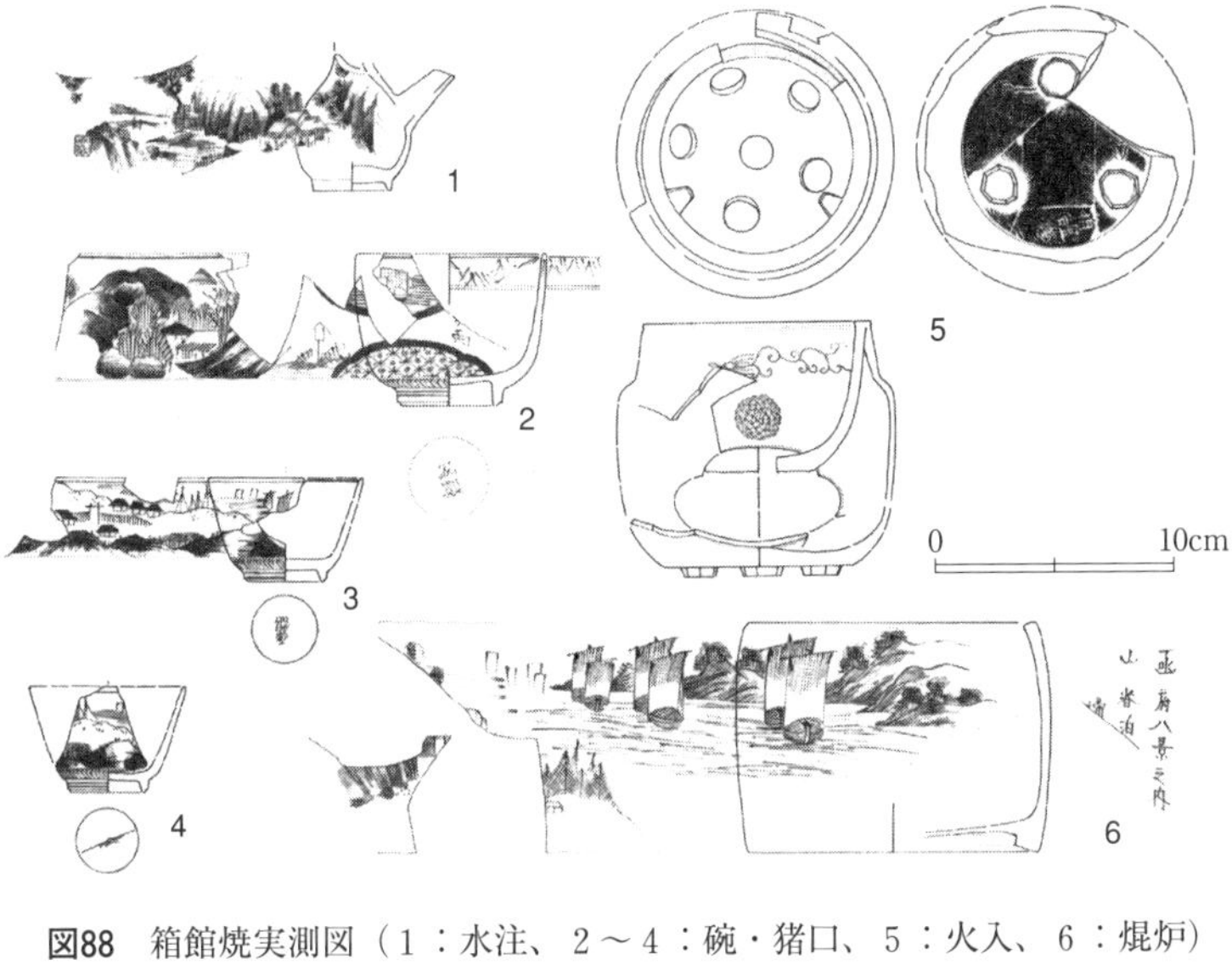

図88　箱館焼実測図（1：水注、2～4：碗・猪口、5：火入、6：焜炉）

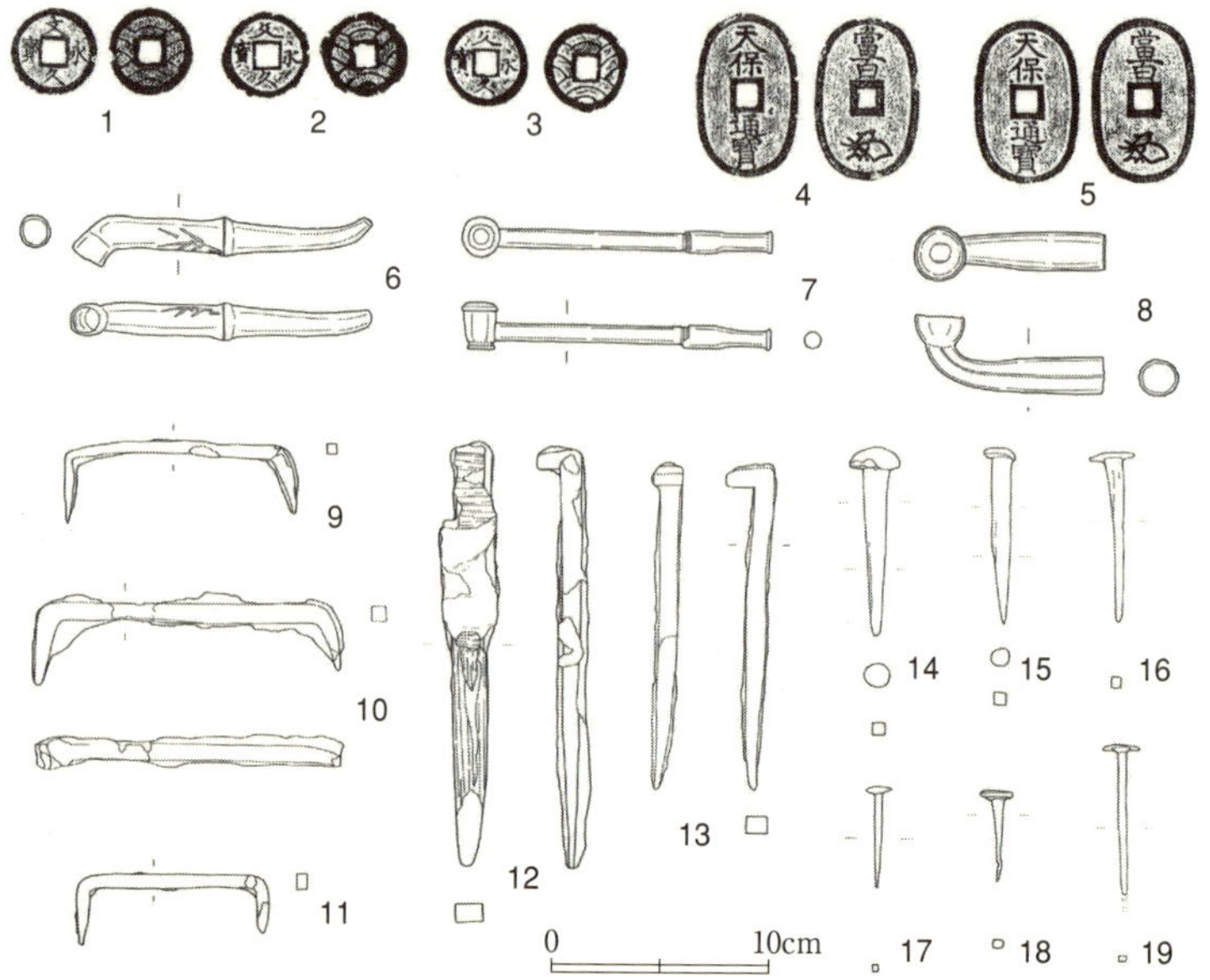

図89　金属製品実測図（1～5：古銭、6～8：煙管、9～11：鎹、12～19：釘）

五稜郭出土の箱館焼は、火入や湯飲碗、焜炉などがあり、箱館などの銘の他に、函府八景などの箱館ならではの風景画が描かれるのも特徴の一つとなっている。

ただ、土石の質や燃料等の問題もあり、実際に谷地頭で生産された製品は、それほど多くはなかった。現在に残る良質の箱館焼については、実質的に美濃等で生産した見本である可能性も指摘されている。そして、作陶から数年後に製造を中止することになった。幻の陶磁器といわれる所以である。

(三)　金属製品

金属製品には、銅・鉄・鉛・真鍮の材質からなる生活用具類、建築用具類、武器類などが存在する。

生活用具類では、銭貨や煙管類がある。銭貨

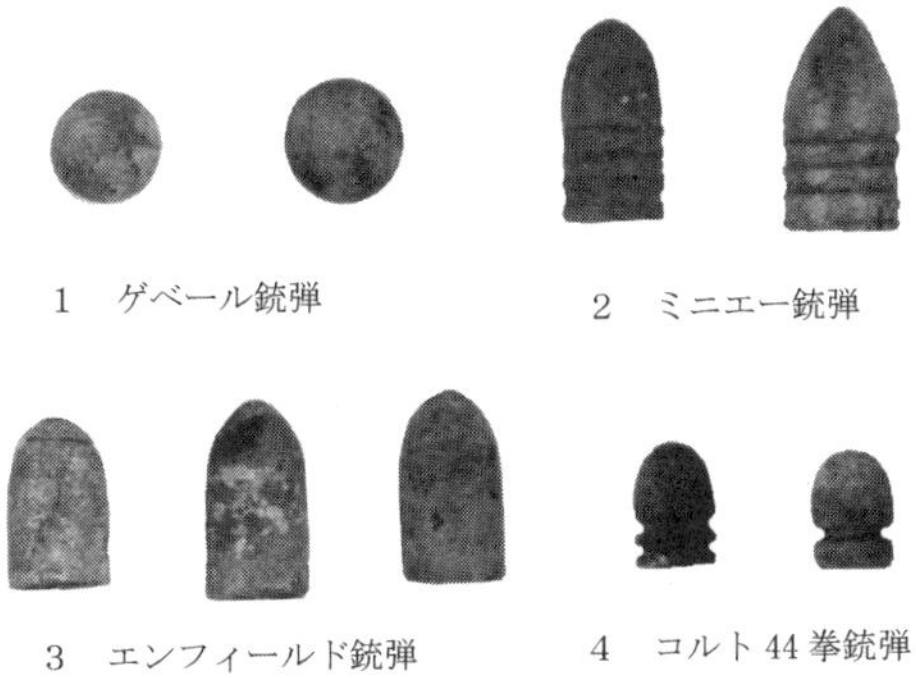

1　ゲベール銃弾　2　ミニエー銃弾
3　エンフィールド銃弾　4　コルト44拳銃弾

図90　洋式銃弾

図91　郭内見隠塁から発見された施条榴弾

は、寛永通宝、天保通宝、文久永宝の三種類がみられるが、数量は少ない。また、喫煙具である煙管の雁首、羅宇、吸口などの部位も比較的まとまって出土している。

建築用具類では、屋根瓦止めに利用される銅釘や銅線が比較的多くみられる。鉄製品では、上水道木樋や水溜桝の止め釘に使用される平折り釘、鎹などがある。

また武器類のなかでは、幕末から明治初期にかけての戦闘形態を変えたといわれる洋式銃の弾丸が数多く出土している。その種類としては、滑空弾のゲベール、椎実弾のミニエー、尖頭状施条弾のエンフィールド・スペンサーなどの銃弾がある。また、コルト四四やルフォショウなどの拳銃弾も存在する。このなかでは、箱館戦争時に新式銃として多く使用されたといわれる前装式のエンフィールド銃弾が大半を占める傾向にある。

また砲弾では、鋳鉄製の滑空弾

の他に、いくつかの断片となった施条榴弾がみられる。この榴弾については、おそらく箱館戦争時の一八六九（明治二）年五月十二日に箱館港に停泊の新政府軍艦甲鉄から発射された砲弾とみられる。五稜郭内の箱館奉行所庁舎太鼓櫓などに命中して破裂したものと思われる。

なお、直接発掘調査で出土したものではないが、一九九八（平成十）年度の郭内見隠塁の石垣解体修理工事の際に、その裏込め中から不発の施条榴弾が発見されている。この砲弾も、甲鉄から発射されたものとみられ、発射弾を物語るように表面の鋲が磨滅しており、頭部の信管が外れている他はほぼ完全な状態であった。しかしながら、弾内部に残る火薬が活性化して暴発する可能性があり危険という理由で、陸上自衛隊において爆破処分されたため現存しない。箱館戦争の良好な資料となりうるものであったが、安全性が保証されないため、残念ながら幻のものとなった。

（四）ガラス製品

ガラス製品としては、ワインやビールなど、アルコール用の瓶がおもなものである。

ワイン瓶やビール瓶は、明治・大正以降の瓶の形態とはやや異なり、判別可能なものを幕末から明治初期のものとして採集した。いずれも、黒味を帯びる濃緑色で気泡が多くみられる、幕末期の一八六〇年代頃のオランダなどのヨーロッパ産と推定される。

ワイン瓶は型吹きの丸瓶で、ボルドー型とシャンパーニュ型のものがみられる。ビール瓶は角瓶で、肩が張り、底部へかけて窄まるもので、船積みをしやすくした形態であると思われる。

これらのガラス瓶の多くは、五稜郭跡内の北東側の給人長屋跡につくられたゴミ捨場中から出土

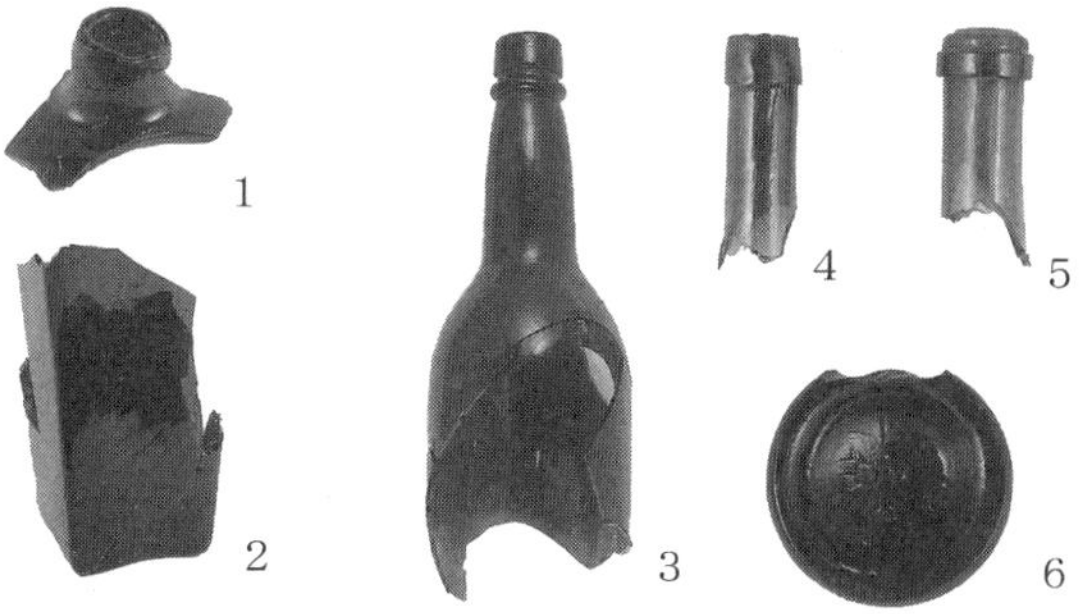

図92　ガラス瓶（1・2：ビール瓶、3〜6：ワイン瓶）

図93　石製品　硯

するものであり、おそらくは箱館戦争時にもち込まれ、廃棄された可能性が高い。とくに、角瓶のビール瓶は、榎本武揚らの留学生が開陽丸でオランダからもち帰った七五〇本中のものではないだろうか。占拠後の五稜郭に運び込んだ状況が想定される。

(五) 石製品

石製品とするものは、役所における文房具として必需品であった硯の出土が多い。そのなかには、「赤間関」と釘書きされるように産地を特定できるものも存在する。

建築用材では、礎石に使用されている緑色切石は凝灰岩系のもので、おそらくは越前の笏谷石と考えられる。北前船のバラストとして北陸地方から運搬され、蝦夷地では礎石としての利用がなされたものと考えることができる。

(六) その他の遺物

この他のものでは、奉行所および箱館戦争当時には属さず、おそらくは陸軍省時代の所産とみられるものに、型紙摺りや銅版転写による印判染付皿がある。

また、御備厩跡発見の「函館製造」刻印の煉瓦は、開拓使が一八七八（明治十一）年ごろまで製造していたもので、数少ない明治時代の五稜郭を物語る資料の一つとなっている。

6 地上遺構の構造確認

五稜郭跡の地上遺構としては、稜堡式の土塁（本塁）・石垣、空壕（内溝）、低塁、見隠塁、郭内西側の小土塁、半月堡塁・石垣、堀石垣、郭外の長斜坂など、大がかりな土木遺構が存在している。このうち、遺構保存修理工事や遺構確認発掘調査において、ごく一部であるがこれらの土木遺構の構造の一端が確認されている。

本塁・本塁石垣 本塁は、五稜郭とよばれる形態を示す最重要な遺構であり、現在でも築造当時の良好な形をほぼ保っている。この本塁については、竣工以降は一八七八（明治十一）年に一部の修理記録があるものの、本格的工事はされておらず、その断面構造は確認されていない。したがって、土塁石垣修理工事や弾薬庫跡発掘調査などで、本塁の積み土の一部を確認したことに止まっている。これまでに観察できた土塁の堆積土は、白色・灰色・黒色粘土や自然礫などを混合して、版築工法などにより突き固めて積み上げたものとなっている。

本塁の石垣は、三カ所の出入口に設置されるもので、控えが一・二メートルから一・四メートル程の間知石が用いられる。根石は、地山の黒色粘土面に厚さ三〇センチ程度の栗石基礎を設けた上に据えられる構造であった。また、大手側の石垣面の最上部には、「刎ね出し」、「武者返し」、「忍び返し」などの名称でよばれる、天端石から二段目が迫り出すという特徴的な形状がみられる。

図94　大手口の本塁石垣（刎ね出し）

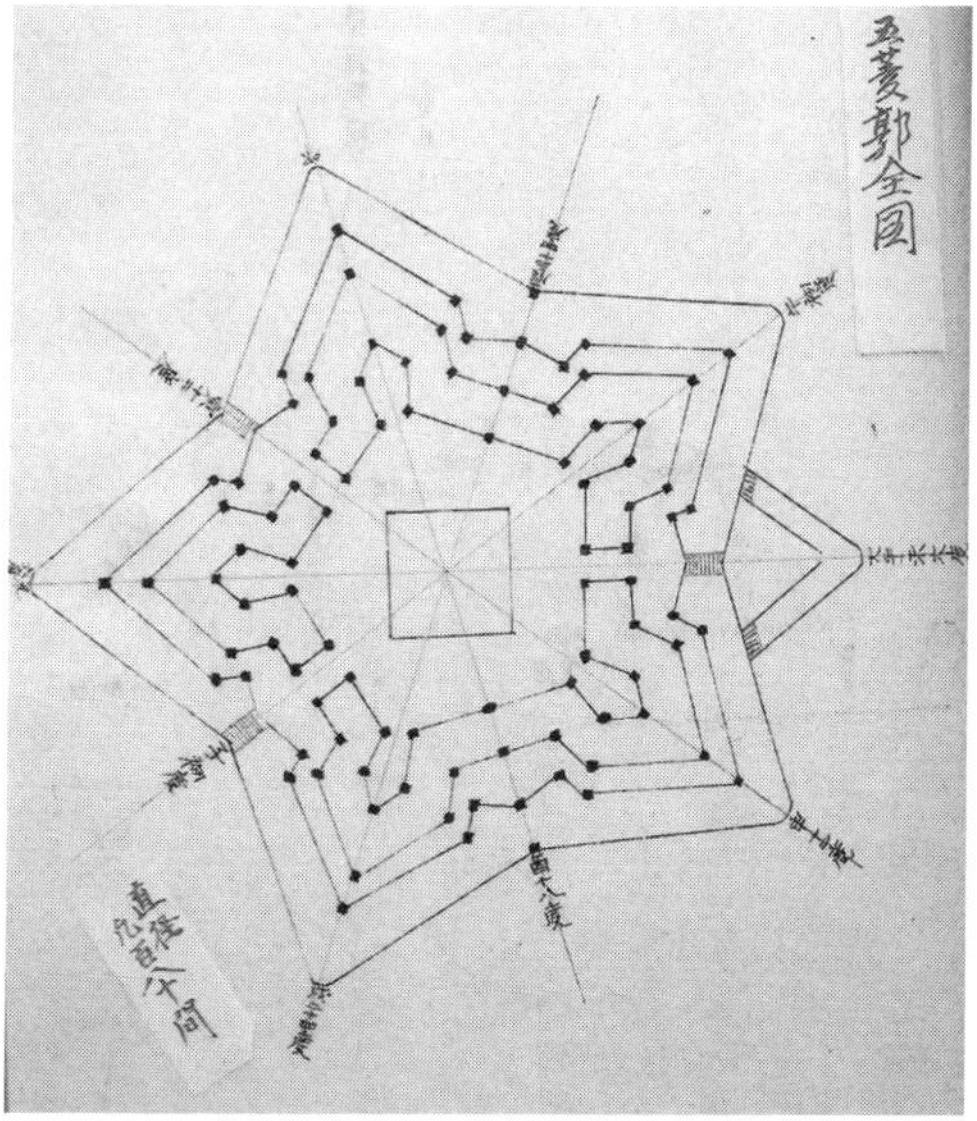

図95　五稜郭配置の方位を示す平面図

ところで、本塁の配置状況には一つの特徴がある。それは、一角の土塁の突出部が北東方向を向き、その反対方向の南西側には半月堡塁が配置することである。これは、鬼門と裏鬼門の方角を示すものであり、鬼門の方角の北東側には出入口が

図96　低塁石垣の裏込め

なく、裏鬼門の南西側には大手口があるが半月堡塁で封ずる形がとられている。このことから、非常に方位にこだわった配置がなされていることがわかる。ヨーロッパスタイルの稜堡式土塁でありながら、その底辺には日本の陰陽道や風水的要素も見え隠れすることも、特徴の一つといえるかもしれない。

低塁・低塁石垣

低塁は、郭内三カ所の出入口部に巡らされる高さ一・五メートルから二メートル程度の土手状の土塁である。堆積土は、本塁と同様に堀からの揚げ土を使用したもので、暗褐色・黄褐色・黒褐色・白色系粘土を版築状や叩き土居状に積み上げている。

低塁石垣は、開口部の両面に存在する。東側低塁では、黒色粘土の地山面に割栗石を置かずに直に石積みが行われていることが観察された。大正期の公園整備時に設置した可能性もある。

見隠塁・見隠塁石垣

郭内三カ所の出入口を遮蔽する土塁で、正面と両脇面が石垣積みで、土塁が露出するのは郭内側の面のみである。三カ所ともにほぼ同様の構造であり、東側と北側の二カ所で積み土を確認した。両方の見隠塁ともに、黒色土面自然堆積層上に黒褐色土や黄褐色粘土を版築状に交互に積み上げを行い、その上部は叩き土居状に盛土が施されている。

三カ所ともに石垣積みの状況もほぼ同様であ

る。黒色土面に厚さ約三〇センチの割栗石を設置し、間知石が設置されている。この隅石の接合部分には各面の一～二カ所に枘《ほぞ》が切られて、鉄太帯とよばれる鉄棒が確認されている。隅石のズレ防止のために用いられるもので、いずれの郭内石垣でも、隅石部分だけに設置されている。

図97　見隠塁石垣の裏込め

図98　隅石を繋ぐ鉄太帯（鉄棒）

小土塁

郭内西側には、土蔵などが存在するエリアを囲う形と見隠塁から延長する形の二つの小土塁が『五稜郭平面図』等の絵図面に記載されている。

このうち、土蔵等を囲う範囲の小土塁は、何カ所か途切れ、その形状も崩れてきているものの、当時の名残を止めている。この小土塁は、平面図上では北側に延長する途中で途切れるが、現状では途中で西側に折れて本塁へ接続するなどの違いがみられる。この構造の違いを解明するために、小土塁中央部付近と北側の折れ曲がる付近の二カ所でトレンチ調査を行った。

その結果、築造当時から存在したとみられる中央部では、地山の粘土面に大小の自然礫（河原石）を栗石として大量に積み上げ、その上にたたき土居状に盛土してマウンドを構成したものであることが観察された。これに対して、北側の折れ曲がる箇所では、地山の粘土面上に黒色・褐色・黄褐色土を交互に堆積するのみであり、そのなかに自然礫は存在しない。

図99　築造当初からの小土塁

図100　増設した小土塁

つまり、北側の折れ曲がる小土塁は、明らかに増設したものであることが判明した。

　その増設の接続部分はどこかであるが、それは小土塁に沿って列植されているアカマツの途切れる部分がこれに相当することが明らかとなった。また、増設した時期については、必要性と遺構の状況から、箱館戦争時であった可能性が高いと考えられる。

　なお、見隠塁から北側に延長したであろう小土塁は地上遺構としては確認できない。そこでトレンチ調査を実施した結果、地山の上に自然礫が集積している部分があり、かつては自然礫を積み上げ盛土した小土塁が存在した可

図101　小土塁の接合部分

能性が高いことが判明した。それでは、なぜ小土塁が消失してしまったのであろうか。一つの可能性として、箱館戦争時に小土塁を取り崩し、土塁上へのスロープ等の補填材としたことも考えられる。

半月堡塁　南西側の大手口を遮蔽する形で設置される西洋式土塁特有のスタイルで、郭内の本塁とほぼ同様な構造とみられる。石垣の上面には本塁の大手側と同様に、天端石で二段目の石を抑える「刎ね出し」構造がみられる。

この特徴的な石垣構造は、幕末期の台場である品川台場や弁天岬台場、さらには長野県佐久市臼田の龍岡城など、洋式築城法となる土塁に類似例がみられる。

堀石垣　五稜郭跡の堀の外周と内周の全面にわたって設置されるものである。そのほとんどで間知石が用いられるが、裏門側外周

図102　半月堡塁の石垣

図103　堀内周石垣（大手側二の橋脇の石垣）

図104　五稜郭絵葉書に見る一の橋・二の橋

面の一部には河原石が積み上げられる例も存在する。

これまでに合計一〇〇カ所以上におよぶ石垣修理工事が実施されたように、崩落の危険性が高い遺構でもある。その要因としては、石垣面の控えが七〇センチ程と短く、また裏込めも浅い状況にあり、さらに土壌も滞水性が高く軟弱であることなどがあげられている。

一八五八（安政五）年の築造時点では、「一割法」であったものを「一割五分之法」へと設計変更を行ったにもかかわらず、早い段階で修理工事を余儀なくされたのも、この軟弱な地盤のためと考えられる。今後においても、この堀石垣修理工事との闘いがつづくことになるのであろうか。

五稜郭大手側に架かる一の橋、二の橋

五稜郭の出入口に架かる橋として、大手側半月堡に一の橋と二の橋の木製二橋が存在する。また、搦手側には一九六四（昭和三十九）年にコンクリート橋として架け替えられた裏門橋が一橋存在する。

大手側の一の橋と二の橋については、明治期以降に必要の都度修理の手が加えられた後、一九五〇（昭和二十五）年に太鼓橋として全面的架け替えが行われた。さらに、昭和四十年代以降の観光ブームにより来訪者が急増したことにより、橋の耐久度も限界に達したため、一九八〇（昭和五十五）年度に二の橋、翌年度に一の橋の架け替えが行われた。現在の二橋はこのときのものである。

橋の架け替えにあたり、景観上の観点からもできるだけ当初の形態に復元することがのぞましいとの方針により、史的な調査が行われることになった。

一八七四（明治七）年の絵図面『五稜郭現地存在之図』や一九〇九（明治四十二）年の築城史料『五稜郭之図』にそれぞれ架橋の様子が記されているものの、構造を示すものではなく、また文献史料からも形態を知る情報は得られなかった。

そこで、築造当初の形態かどうかは明確ではないものの、明治から大正期に発行された五稜郭関係絵葉書に掲載されている橋の古写真を基に、その変遷をたどることとした。さいわいにも、複数の絵葉書には平橋としての一の橋と二の橋が写されているものがあり、それがいちばん当初に近い姿であるとの判断から、復元工事が実施された。

一の橋、二の橋の橋脚・敷板遺構

橋の復元工事は、二の橋から開始された。その第一段階として二の橋架橋場所の仮締切工事を行い鋼矢板を打ち込んだ際に、打込み抵抗が強くあって堀底になんらかの遺構が存在する可能性が出てきた。このため、教育委員会において急遽堀底の調査が実施された。すると、堀底から約一・三メートル下の粘土層中に、橋脚を据えつけたとみられる敷板の存在が確認された。さらには、堀底上にはコンクリートで補強された旧橋脚とみられる木材が、切断された状態で発見された。

確認された敷板は、長さ六・八メートル、幅四〇センチ、厚さ二〇センチで、三カ所に三〇センチ×一〇センチの長方形状の穴が開けられたものであり、全部で六枚確認されている。なお、敷板の配置状況は、復元予定橋の位置関係に沿っており、他に遺構が存在しなかった。このことから、敷板については五稜郭築

図106　旧橋脚と敷板

図105　発見された敷板

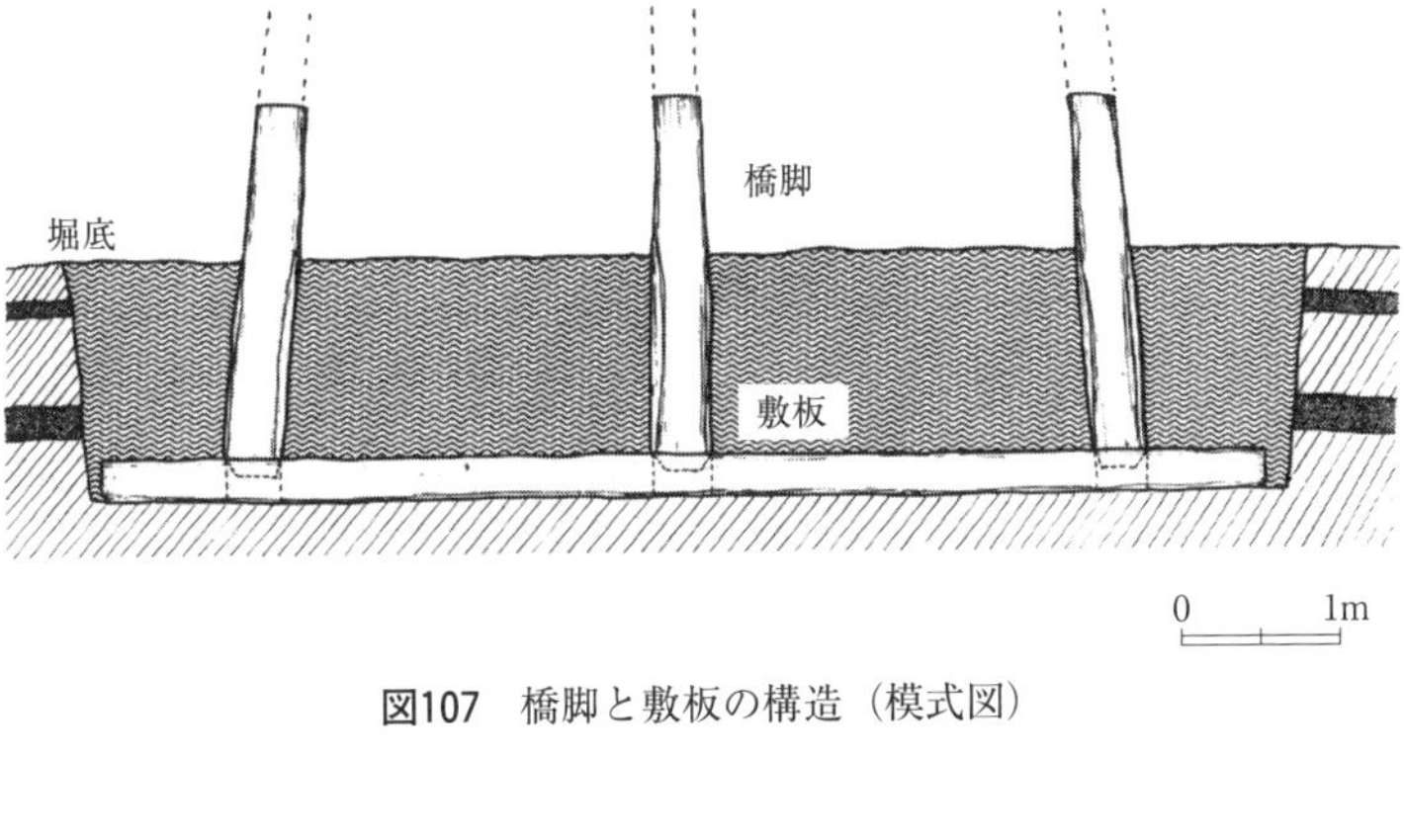

図107　橋脚と敷板の構造（模式図）

造当時に設置されたものであることが確認できた。また、橋脚の端に切られた枘部分は、敷板の穴に差し込んで固定するものであることが明らかとなった。

この二の橋の調査結果を受けて、次年度に行われた一の橋復元工事の際には、当初から敷板と橋脚の存在確認が行われた。その結果、復元予定範囲内に敷板が三枚確認され、一枚の敷板の三カ所の穴の位置に接合する形で上部を切断された橋脚が合計八本発見された。これら三枚の敷板は、長さ七・三《メートル》と二の橋のものよりは長いが、ほぼ同様の形態となっていた。このことから、一の橋と二の橋はともに敷板に接続された三本の橋脚によって支えられた橋であったものとみられ、明治から大正期の絵葉書の古写真に写されている形態とほぼ同じものと思われる。

おそらく、絵葉書にみられる一の橋と二の橋は、ともに築造当初の橋を補強して存続していたものであろう。したがって、絵葉書を基に復元した現在の橋は、ほぼ当初の形態を踏襲したということができる。

Ⅵ　五稜郭跡の復元整備に向けて

1　始められた整備計画

発掘調査成果の検証

一九八六・一九八七（昭和六十一・六十二）年度の発掘調査により、奉行所庁舎建物跡の配置や規模等が記録された図面を基に、『五稜郭内庁舎平面図』『亀田御役所地絵図』などの絵図面資料と、どの程度照合するのかについて検証が行われた。

この検証は、特別史跡五稜郭跡保存整備委員の東京工業大学平井聖教授（現昭和女子大学教授）により行われ、二〇〇分の一程度に縮尺作図した箱館奉行所庁舎遺構全体平面図に、六尺を一間間隔とした基準格子をのせて、礎石や柱位置を確認することとなった。その結果、基準格子のラインに建物の礎石跡や柱の位置がよく一致することが確認された。

次に、絵図面資料の柱位置と遺構平面図のものを比較対照すると、『亀田御役所地絵図』が最もよく一致することが明らかとなった。

したがって、奉行所庁舎建物が一間六尺を柱間寸法としていることも確認されたが、その反面基

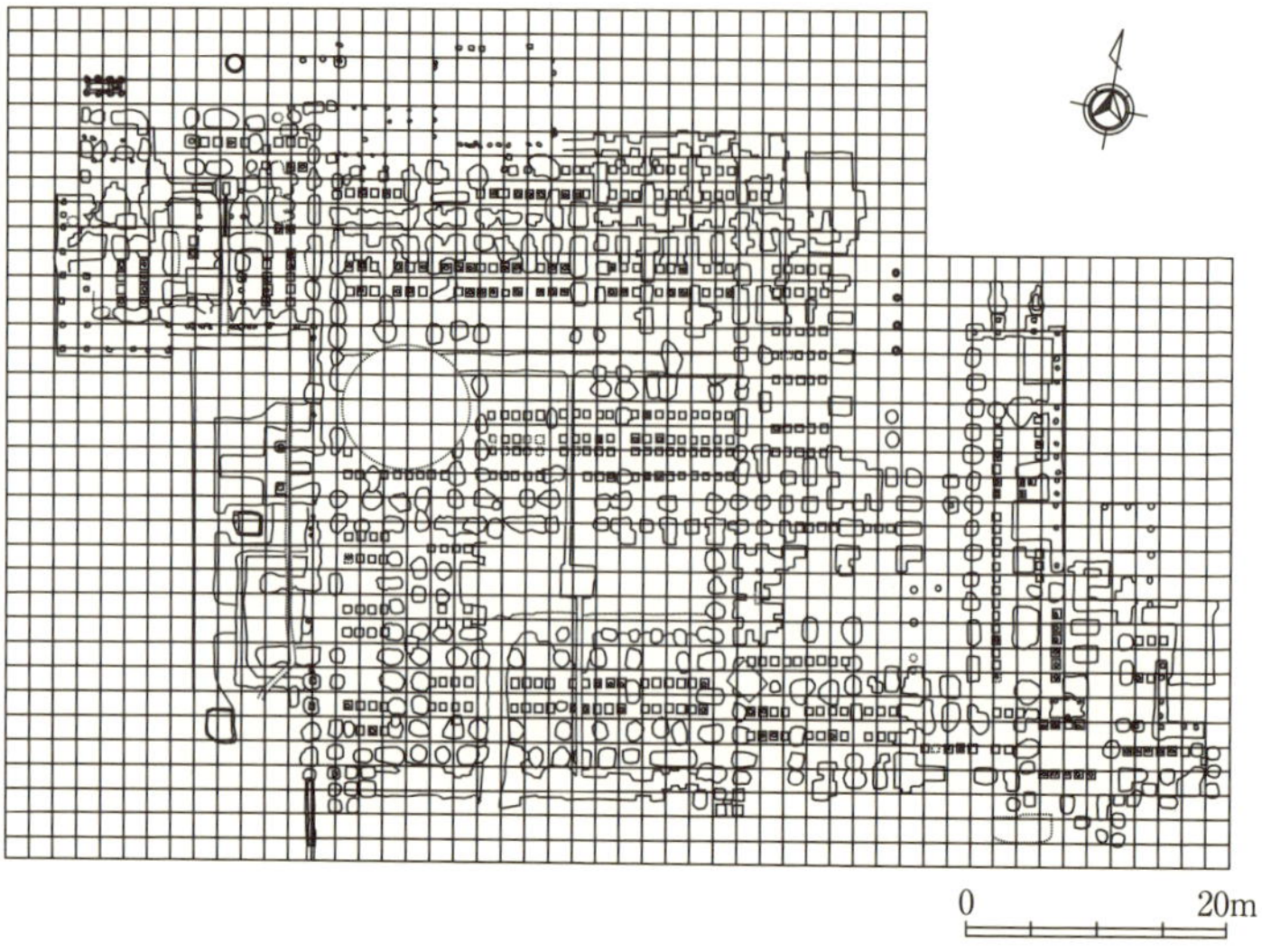

図108　基準格子と一致した箱館奉行所庁舎遺構

準格子にのらないものや遺構の状況から明らかにできない部分の寸法が存在することがわかった。これについては、文献史料に建物の面積が記されているものがあり、そこから計算によって求められた結果、四尺や四尺五寸という寸法の存在も明らかとなった。

　このように、発掘調査結果と絵図面、文献史料の内容がほぼ一致することになり、奉行所庁舎建物が仕様書や計画図面に忠実に建築されたものであることが確認された。

五稜郭跡の保存整備方針と整備計画

　郭内遺構確認のための第一次発掘調査（一九八五年度から一九八九年度）により、主要な遺構の配置状況等が確認され、これと並行して行われた諸調査の成果がまとまったことから、「特別史跡五稜郭跡保存整備委員会」において具体的な史跡の保存整備へ向けての検討作業が開始された。

第一番目には、五稜郭跡の位置づけ、役割であるが、五稜郭跡がもつ特性などから、次の四通りの面が考えられた。

①日本の近代の歴史を継承し、かつ体験できる場。

②歴史的に個性をもつ空間。

③都市公園として市民に親しまれるオープンスペース。

④歴史観光の拠点。

このような多様化の側面がある五稜郭跡について、利用する側の人びとは、果たしてどのような整備が必要と考えているのだろうか。その動向を知るための利用実態調査が、一九八七・一九八八年度の二年間で、奈良女子大学近藤公夫教授（現同大学名誉教授）を中心として行われた。この調査の結果、市民利用の場合は、憩いの公園としての植栽や施設の充実の要望が高く、観光利用の場合は、歴史的環境やそれにともなう施設の復元の要望が高いというものとなった。市民利用と観光利用の両方ともに高いという、五稜郭跡の役割の多様化に則した回答内容であった。

これらの傾向を踏まえて、次のとおり整備の基本方針を検討することになった。

①石垣、土塁などの地上遺構については、現状維持に努め、崩落や経年変化等の必要性に応じて保存修理を実施する。

②奉行所庁舎跡や付属建物跡などの地下遺構については、五稜郭跡に対する正しい認識や理解を深める上で整備が必要である。特に、奉行所庁舎については古図面や古写真など良好な資料を基に、復元手法や復元材も極力当初に従い、それ自体が文化財的価値をもつような復元を検討する。また、付属建物については、遺構配置状況等が理解できるような一定

の水準をもった平面整備を検討する。

③景観阻害要因となっている管理施設等については改修や撤去を計画的に進める。

④園地、園路、植栽等については、全体計画を明確にした上で、歴史的景観を維持し、増進する環境整備が必要となる。

以上の方針のもとに、一九九〇（平成二）年度には「特別史跡五稜郭跡保存整備基本計画」を策定し、整備に取り組むことを目指すことになった。しかしながら、この時点では奉行所庁舎の立体復元を行うために必要となる詳細な史料が不足していることもあり、さらに調査を継続することになった。

これに加え、一九九三（平成五）年に発生した北海道南西沖地震により、五稜郭跡の堀石垣が崩落するなど大きな被害を受けたこともあって、当面は遺構保存修理を重点的に進めていくことに切り換え、建物等を主体とする復元整備計画については課題整理を行う程度に止め、足踏みする状態がつづくことになった。

整備計画の見直し

整備計画が止まっているなかで、中断していた「特別史跡五稜郭跡保存整備委員会」を、再編成する形で一九九四（平成六）年度から開始することになり、復元整備にかかわる基本的方針については当初のものを踏襲する形で、整備内容の検討と協議を進めることとなった。

その一方で、それまで不明であった奉行所庁舎や付属建物、支配役宅などの具体的な記述を掲載した文献史料が見つかるなど、建物復元整備に向けての明るい兆候が見えてくるようになった。

その後、一九九九（平成十一）年度頃までには遺構保存修理に一定の目処がつくことになったこともあり、これまでの整備計画を見直し、具体的な整備区域を大きく二つのゾーンに分け、段階的に進めていくことになった。

こうして、二〇〇〇（平成十二）年十一月には「箱館奉行所復元構想」を策定し、奉行所復元を主体として五稜郭跡の指定地および周辺地における整備のあり方をとりまとめた。

これにつづき、二〇〇一（平成十三）年七月には「箱館奉行所復元計画（郭内土塁内エリア整備計画）」を策定し、箱館奉行所庁舎等の復元整備と活用・公開、さらには奉行所周辺の空間整備についての計画が立案された。

この復元計画において、主要な遺構が存在する郭内エリア、それを取り囲む郭内土塁・堀エリア、さらにその外縁部にあたる長斜坂と樹木を含む郭外エリアに区分し、そのうちの郭内エリアについて優先的に整備を進めることとした。

整備計画を進めるなかで、中心課題となるのは箱館奉行所の復元であり、これとあわせて史跡全体の当時の景観を再現し、史跡の利活用の促進を図ることを目標として定めた。箱館奉行所復元の必要性については、現状の五稜郭跡に残る土塁や石垣などだけでは五稜郭の本来の姿を理解するために決して充分とはいえないことから、復元が必要不可欠と考えられたものである。

現在の五稜郭跡のなかで築造当時の状況を留めているものは、土塁・石垣などの地上遺構のほかに、アカマツや土蔵一棟であり、歴史上、蝦夷地政策の象徴であった奉行所が現存していないため、本来の役割などがわかりにくくなっている。さらには、明治維新の際の箱館戦争時には軍事的拠点として利用されていたこともあって、箱館戦争の舞台という点のみが強く印象づけられるために、五稜郭が何のために築造されたものであるのかが誤解されやすい状況にあった。

2　奉行所の復元をめざして

発掘調査により、その規模や位置、構造などが明らかとなった奉行所について、どの程度の復元が可能となるのだろうか。

復元の可能性

発掘調査資料と絵図・文献史料との整合性を検証した平井聖教授により、復元の考察が試みられた。それによると、第一に奉行所の建物については平面を完全に復元することが可能な状況であり、立面についても残されている古写真から透視図法的な手法を用いて、立体的な復元が充分可能な状況にあった。また、写真に写っていない範囲については、同様な時期の建物等の事例を参考とした推定復元とはなるものの、復元は可能であるものと考えられた。

これに加えて、新たに建物の仕様等が記載された文献史料の出現により、古写真からの復元を補完することに加え、類似例からの推定復元の形を、より当時の姿に近づけうるものとなった。

古写真と文献史料からのアプローチ

古写真と文献史料のデータから再現できる奉行所立面の姿は、いったいどのようなものであろうか。おもに正面の棟を中心に描くと図109のようになる。

奉行所正面の玄関式台は、千鳥破風屋根で桟瓦葺き、外廻り壁は簓子下見板張りで、軒高一丈六尺（約四・八四メートル）、軒出五尺五寸（約一・六七メートル）である。また、この下側には軒高九尺五寸（約二・八七メートル）、軒出三尺（約九〇センチ）の霧除庇が巡り、屋根上は柿《こけら》葺きである。

玄関北側の内玄関式台は、むくり破風屋根で桟瓦葺き、外廻り壁は簓子下見板張り、軒高一丈一尺（約三・三三メートル）、軒出三尺（約九〇センチ）とな

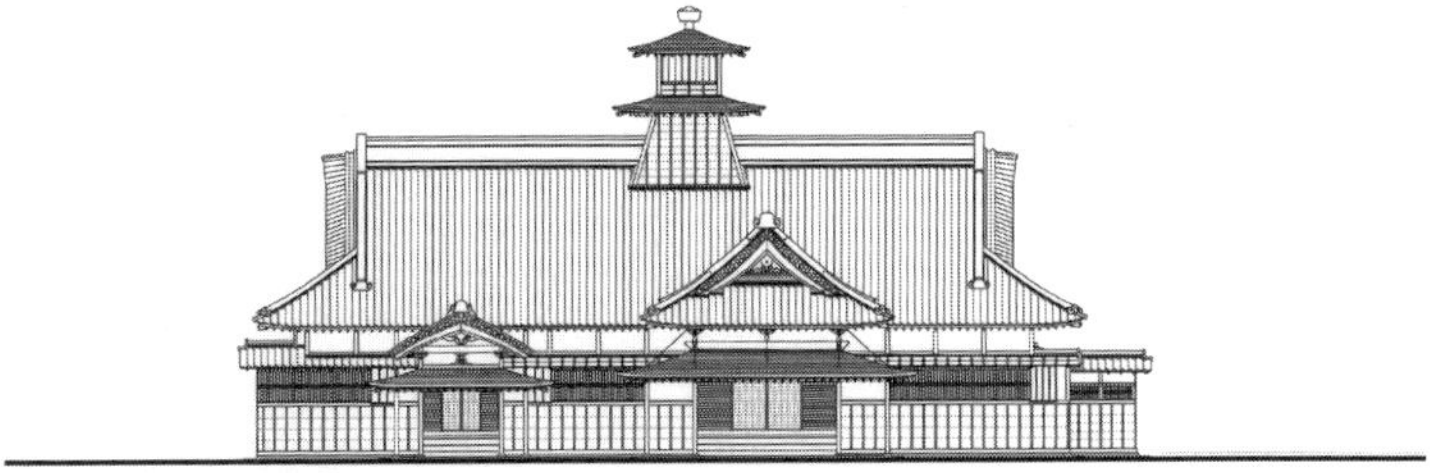

西側（正面）立面図

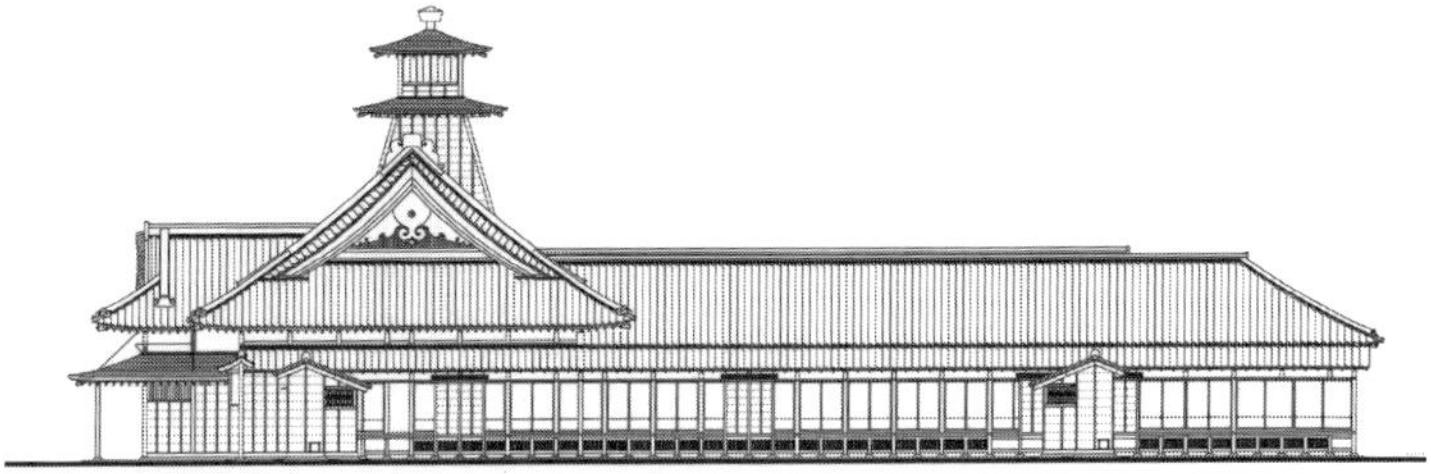

南側（正面）立面図

図109　箱館奉行所復元立面図

る。また、下側には軒高七尺五寸（約二・二七メートル）、軒出二尺五寸（約七五センチ）の雰除庇が巡り、柿葺きの屋根となる。

　屋根上に設置される太鼓櫓は四階造り、屋根は宝形（方形）で笠木付き、四方に隅木を配する腰屋根となり、宝形・腰屋根ともに銅葺きとなる。また、簓子下見板張りは渋墨塗りが施される。したがって、建築当初の太鼓櫓は銅で光り、下見板はほとんど真っ黒に近い色のコントラストとなっていたものであろう。

　なお、大屋根は、箱棟となり両妻入母屋破風造りである。

　以上の外観に関しては古写真から充分に読み取れるものではあるが、高さ関係などはやはり文献史料に負う所が大きい。しかしながら、文献史料出現以前に立面を復元した姿図とでは高さが一尺（約三〇センチ）程度の誤差であった。写真資料の情報量の多さを物語るものである。

また、写真に写らない箇所にも、方形屋根（寄棟屋根）や獅子口窓などの存在や、建物内部でも部屋の壁に大津壁が使用されるなど、発掘調査結果や平面図からは得られない情報も文献史料から知ることができる。

このようにして、発掘調査結果、古写真、文献史料の三要素が揃ったことで、奉行所復元の範囲をどの程度とするのかの検討に入った。

建築基準法第三条の壁

当初の計画では、奉行所復元の範囲は完全復元、つまり奉行所庁舎全体を復元することを目指していた。約三〇〇〇平方《メートル》にもおよぶ大規模木造建築物となるものであり、実現のためには相当多くの課題が生ずることが予想された。

最大の問題点としては、建築基準法や消防法の適合があった。大規模な木造建築物を復元する場合に、外観だけ見せるのであれば、建築基準法上の規制はそれほど多くないが、復元物の中に人を入れるのであれば話は違ってくる。さまざまな条項に抵触し、それに適合することはむずかしく、現行の基準法の範囲内での完全復元は、事実上困難であると判断された。

しかしながら、建築基準法には適用除外の条項があり、場合によっては完全復元もできるのではないかと思われた。

建築基準法第三条では、「この法律ならびにこれにもとづく命令および条例の規定は、次の各号のいずれかに該当する建築物については、適用しない」として、以下の四つのタイプの建築物を挙げている。

①文化財保護法の規定によって国宝、重要文化財、重要有形民俗文化財、特別史跡名勝天然記念物または史跡名勝天然記念物として指定

され、または仮指定された建築物。

②旧重要美術品等の保存に関する法律の規定によって重要美術品等として認定された建築物。

③文化財保護法第百八二条第二項の条例その他の条例の定めるところにより現状変更の規制および保存のための措置が講じられている建築物（次号において「保存建築物」という）であって、特定行政庁が建築審査会の同意を得て指定したもの。

④①もしくは②に掲げる建築物または保存建築物であったものの原形を再現する建築物で、特定行政庁が建築審査会の同意を得てその原形の再現がやむを得ないと認めたもの。

このいずれかに該当しなければ基準法の適用除外は受けられないことになる。

そこで、この条項に適合するかどうかを検討したが、五稜郭跡の奉行所庁舎の場合、いずれにも該当できないものと判断されることになった。その中でも、一九九七（平成九）年度までは、適用除外の項以外にも第三八条の建設大臣の特別認可の条項があり、可能性がゼロではなかった。ところが、一九九八（平成十年）度にこの三八条の規定が撤廃されたため、また振り出しに戻り、ふたたび第三条に該当しないかどうか検討することとなった。結論からいえば、五稜郭跡の奉行所建物は、史跡指定を受けた段階では存在せず、その建物遺構の一部も残されていない状況では、第三条を適用することはできないというものであった。

そこで、建築基準法適用の範囲での復元を目指すものとなったが、必然的に復元範囲を狭めなければならなくなった。ただ、機械的に範囲を絞るのではなく、復元建物の利活用上、必要なスペースを割り出して、全体の約半分に相当する約一五〇〇平方メートルの復元を目指すことに修正した。それでも、今度は防火区画の問題が生じ、一〇〇〇平方メートルごとに防火壁を設置しなければならないことが判明した。そこで、復元のなかで何とか防火壁をうまく処理できないかを種々検討し、文化庁とも協議を行ったが、復元物の景観上も芳しくないため、この案も断念することとなった。

そして、最終的には、約一〇〇〇平方メートル以内の復元に止めることに決定した。利活用のスペースも最小限に限定することになったものの、その反面、復元範囲の縮小により費用も減ずることとなった。また、結果的には非常にシンプルな形態となり、復元に対する課題も減り、いよいよ復元に向けて拍車がかかることになった。

復元整備の条件と実現の可能性

実際に復元範囲を決定し、その復元準備に取り掛かることになったが、その第一に、史跡における歴史的建造物の復元を進めるための条件に適合するか否かのチェックが必要であった。

一つ目としては、史跡を保存する上での支障とならないことである。また、二つ目は史跡の活用上、積極的な意味があることである。そして、史跡の理解が誤りなく適切に導かれ、史跡の歴史的・自然的な風致・景観と総体的に整合することが必要である。さらには、構造上および管理上の観点から安全性が確保され、復元建造物が史跡の保存と活用にかかわりがあり、史跡にとってふさわしい内容をもつものでなければならない。その上で、全体計画における位置づけ、保存・管理計画の方針が定まっている必要があり、歴史的建造物の位置・意匠・規模・構造・形式等において十分な根拠が必要である。最後には、文化庁との協議を踏まえ、専門委員会（復元検討委員会）の審査を経たものでなければならないとされ、以上の条件をすべて満たすことが必須となっている。

箱館奉行所復元は、これらの諸条件に十分見合うものと判断されたため、問題点の抽出を行い、一つ一つ、条件をクリアするための検討と協議を継続することになった。

一般的に、歴史的建造物を復元するための根拠資料の優先順番は次のとおりとされる。

①正確な発掘調査にもとづく精度の高い遺構データが得られること。
②建物外観等の詳細が確認できる写真や立面図等の絵図面データが存在すること。
③建物の規模や構造を表す平面図のデータが存在すること。
④建物に関する仕様書等の文献記録データが存在すること。

これらの必要条件もほぼ揃っていて、奉行所復元は十分に可能であることが確認された。

もちろん、発掘調査資料、写真、図面、文献史料がすべて揃う範囲については、精度の高い復元が可能であるため問題はない。しかし、立面データが不足する部分は、どうしても類似例などを参考に推定の域を出ないという弱点があった。このため、より高い復元精度を求めて、復元範囲を限定せざるを得なくなった。これに加え、先に述べたように建築基準法上の問題もクリアしなければならなくなり、結局のところ全体の三分の一に相当する約一〇〇〇平方㍍以内の復元に落ち着くこととなったのである。

なお、これにともない、立体復元をしない北側の棟や奥向の範囲については、平面表示による整備を行うこととした。また、奉行所周辺に配置する付属建物跡についても、平面表示整備を行い、史跡全体の遺構配置状況を表すこととなった。

この間、文化庁との協議を重ねるなかで、複数回にわたって復元検討委員会の審査を経たことにより、おおむね復元の承認を得ることとなった。

こうして、二〇〇六（平成十八）年五月十九日付けで現状変更許可を得ることになり、箱館奉行所復元工事が開始される運びとなった。

3　決定した整備内容と活用の方向性

箱館奉行所復元計画において、復元整備の目的を、「歴史的・文化的に価値の高い貴重な文化遺産として活用し、後世へ良好な形で伝えていくために、五稜郭跡の土塁内側の郭内において、箱館奉行所の復元整備を始めとする史跡整備を行う」と掲げた。

保存整備の方向性では、①貴重な歴史的遺産の活用、②遺跡の保存と価値の顕在化、③市民に親しまれる歴史公園としての整備、④歴史的観光地としての適切な整備、⑤良好な都市景観形成の核としての整備、⑥シンボル性の強調整備を大きな柱として定めた。

復元整備の方針および活用の方向性については次のとおり定めた。

①奉行所庁舎は、古写真に写される正面および連続する棟を含む約一〇〇〇平方メートルについて、発掘調査結果を基に、写真や絵図面、文献史料等の記録に忠実に、可能な限り当時の木造建築を踏襲して復元整備を行い、おもに観覧施設や歴史学習の場としての利用を図る。

②復元建物の内部は、当時の部屋割りや構造を忠実に復元することとし、歴史的資料の展示を行うなど、奉行所がはたしていた役割を理解できるように努める。

③復元の場所は、発掘調査で確認された当時の

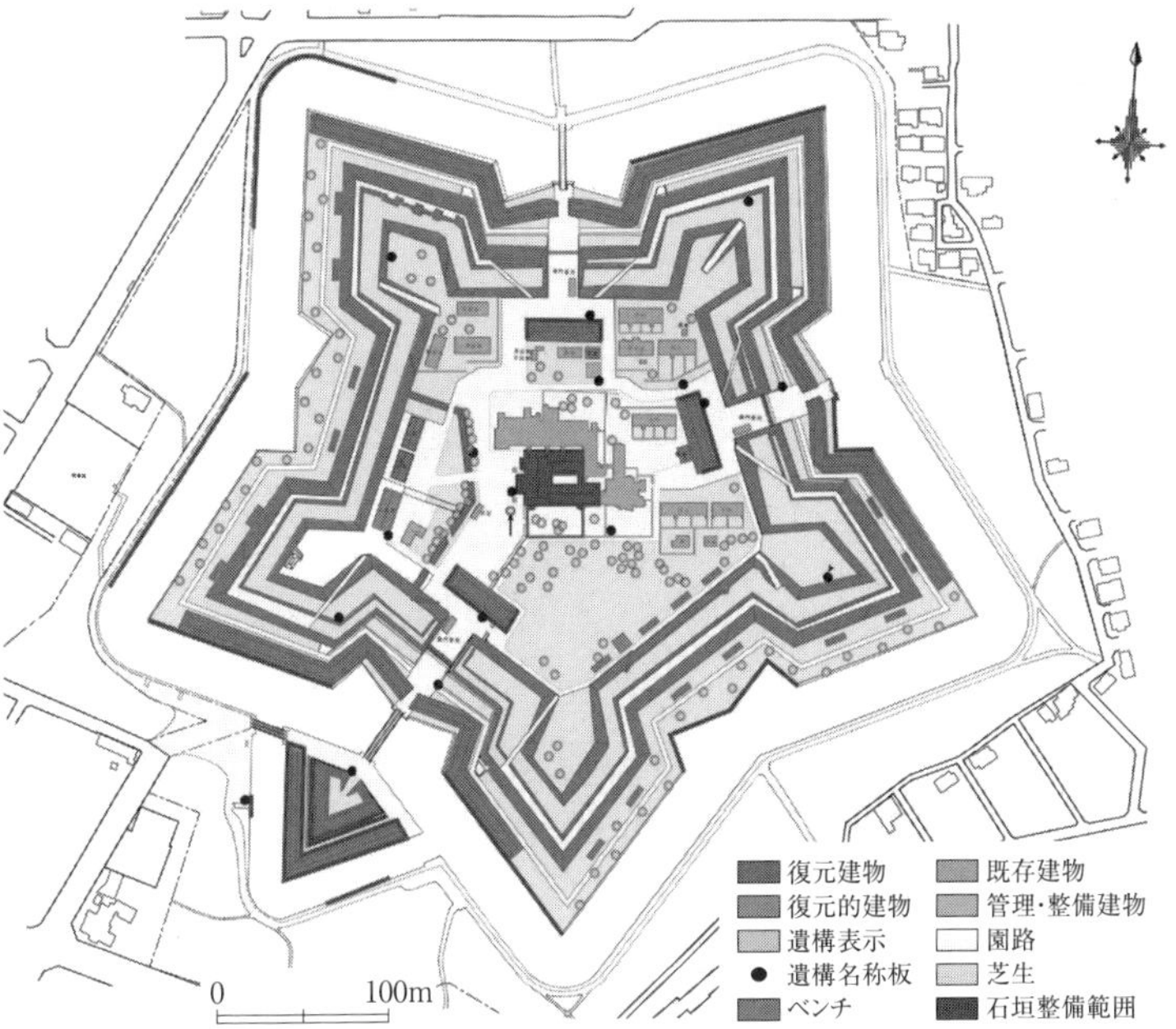

図110　特別史跡五稜郭跡復元整備計画図

建物跡の直上とする。なお、地下に残る奉行所庁舎の基礎遺構を確実に保護することを大前提として、遺構保護の上で復元整備を実施する。また、復元対象時期は五稜郭内のすべての建物が完成をみた慶応二年に設定する

④奉行所庁舎の周辺整備は、二五棟存在した付属建物のなかで、土蔵と板庫の二棟分は外観を復元的に整備して、管理事務所や休憩所などの便益施設として利用を図る。さらには、残りの付属建物の規模等を理解しやすいように平面表示整備を行い、歴史学習やレクリエーションなどの積極的な活用を図る。

⑤歴史的公園としての景観と調和するための環境整備もあわせて行い、史跡の保存と利活用をともに図ることで、より親しまれる

図111　箱館奉行所復元イメージ

存在となるように努める。

以上の方針を基にして二〇〇六（平成十八）年八月過ぎから、具体的な工事が開始されている。二〇〇六年度では、復元建物等の範囲の仮設を行うとともに、遺構面を確認し、遺構の上に保護膜を設置した上で、コンクリートのベタ基礎を打設した。また、主要構造材を手配するなどの準備工事が行われた。

二〇〇七（平成十九）年度において、秋頃に素屋根を設置して本格的な木工事が開始される。

この後、二〇一〇（平成二十二）年夏頃には、奉行所庁舎が完成する予定である。

ようやく五稜郭全体の復元整備のスタートラインに立つことになった。確実な整備を進め、かつての姿を再現した奉行所に会える日が待ち遠しく感じられる。

Ⅶ　五稜郭とヨーロッパの城塞都市

五稜郭は、ヨーロッパで発案され、ほぼ世界中に広まった稜堡式スタイルの城塞都市をモデルとして築造された西洋式土塁である。この西洋式土塁の構造の特徴は、バスチオン（bastion）（稜堡）とよばれる突角となる土塁部分であり、ラヴェラン（Ravelin）（半月堡塁）とよばれる稜堡間を補完する堡塁などにある。

ヨーロッパにおいて、稜堡式土塁のスタイルが考案されたのはイタリアという説が有力である。イタリアのフィレンツェの防塞構築を行っていたミケランジェロ（一四七五～一五六四年）が発展させたことに端を発していると考えられている。また、イタリアの建築家であるアルベルティ（一四〇四～一四七二年）、フィラレーテ（一四〇〇～一四六九年）、フランチェスコ・ディ・ジョルジョ・マルティーニ（一四三九～一五〇一年）などの建築設計プランなどが根底にあって、発展を遂げた可能性も考えられる。このようなルネッサンスの時代にあって、イタリアからしだいにフランスやオランダ、ベルギーを始めとして、ほぼヨーロッパ全土に広がっていったようである。

元来、中世ヨーロッパで発達していた城壁によ

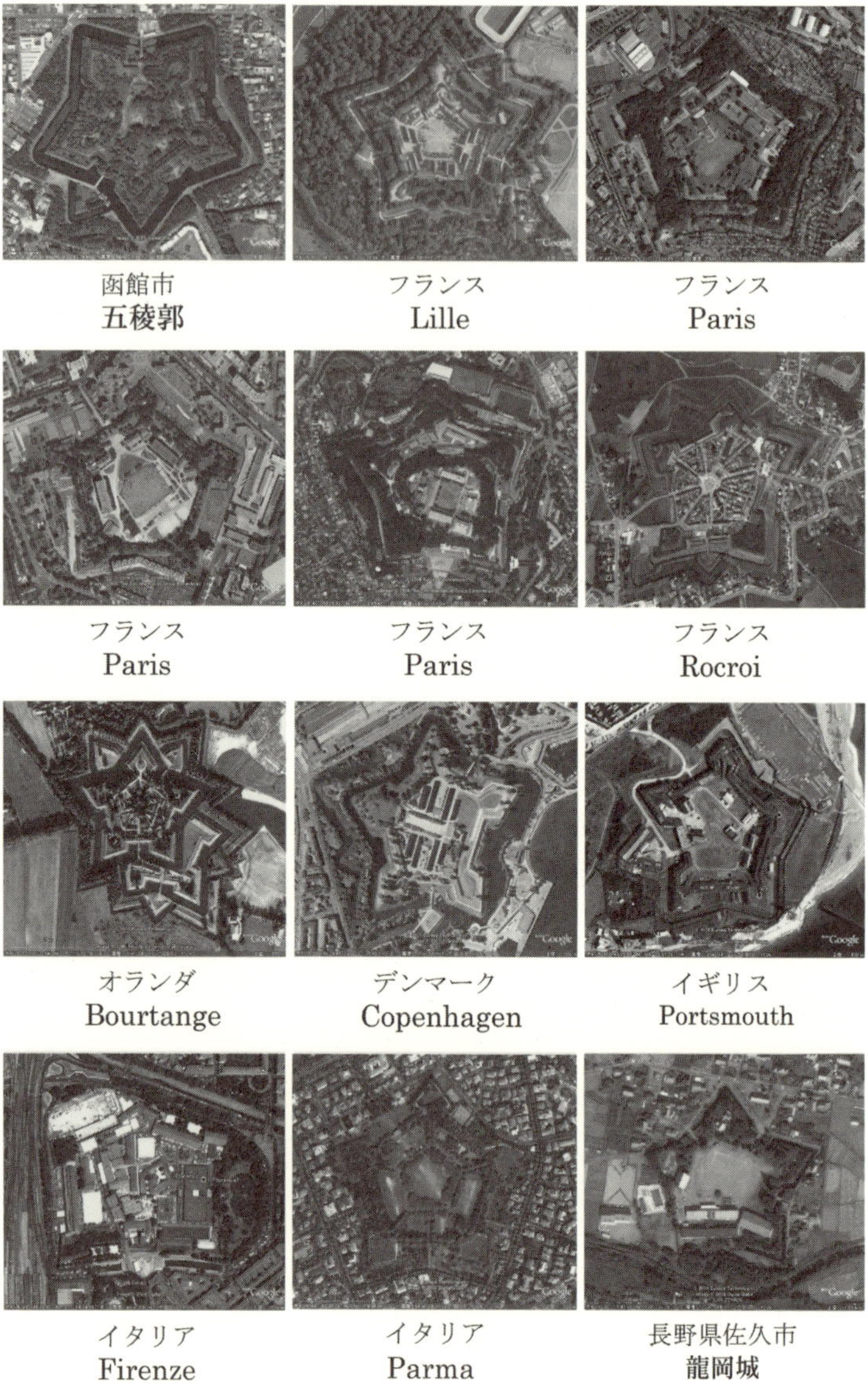

図112　世界の稜堡スタイル城塞（五稜郭）

フランス
Perpignan

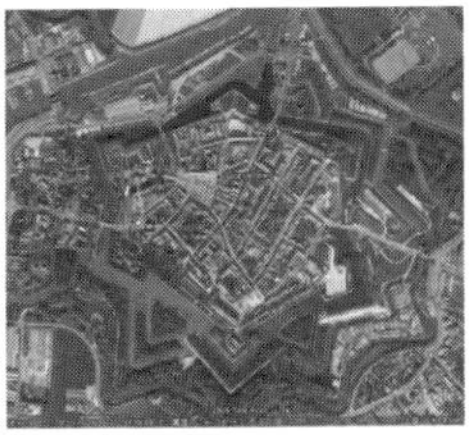

フランス
Gravelines

イタリア
Alessandria

オランダ
Naarden

オランダ
Hellevoetsluis

ラトビア
Riga

ロシア
Sankt-Peterburg

ルーマニア
Arad

オランダ
Willemstad

インド
Kolkata

フランス
Neuf-Brisach

イタリア
Palmanova

図113　世界の稜堡スタイル城塞（六稜郭～九稜郭）

る防禦スタイルでは、死角を生ずる箇所があったことから、それを解消するために稜堡という死角のない形態が考案されたといわれる。五稜郭は死角がなく、十字砲火を浴びせるのに合理的と説明されるのは、このためであろう。十五～十六世紀時点の大砲などの軍事力のレベルで論じられているものである。箱館に五稜郭のスタイルが伝えられたのは十九世紀半ばである。三〇〇年近く古い情報をそのまま受け入れたとはとうてい思えない。

現に、ヨーロッパにおいては理想都市の計画が発展して、星形五稜郭から数段多角形となる稜堡スタイルが十六～十七世紀に登場し、さらに改良が加えられ拡大していったといわれる。

十七世紀後半に、フランスの軍事築城家セバスチャン・ヴォーバン（一六三三～一七〇七年）や、オランダの築城家メノ・ファン・クーフォルン（一六四一～一七〇四年）などが競うように稜堡スタイルの城塞を集成し、より広大なスペースを有するものに変化させるようになる。その当時の軍事力は十五～十六世紀とは比較にならないほどの強力なものとなっていたとみられ、古い城塞のシステムではまったく対応できないことは明らかである。

さらにヨーロッパにおいては、銃砲類の近代化にともない、大砲の射程距離や破壊力が増大し、稜堡スタイルの軍事的要塞システムは、すでに有効なものとして機能していなかったようである。

それでは、なぜ十九世紀の日本に受け入れられるものとなったのだろうか。そこには、ヨーロッパの強大国のアジア進出との関係があったのではないだろうか。オランダやフランスの植民地政策にかかわる地域には、稜堡スタイルの要塞（城塞）が築造されている事例が多く見受けられ、ヨーロッパの影響力を誇示するための意図が感じられる。その延長線上にフランスからの稜堡スタイルという防禦システムの教授が存在したと考えてもおかしくはない。

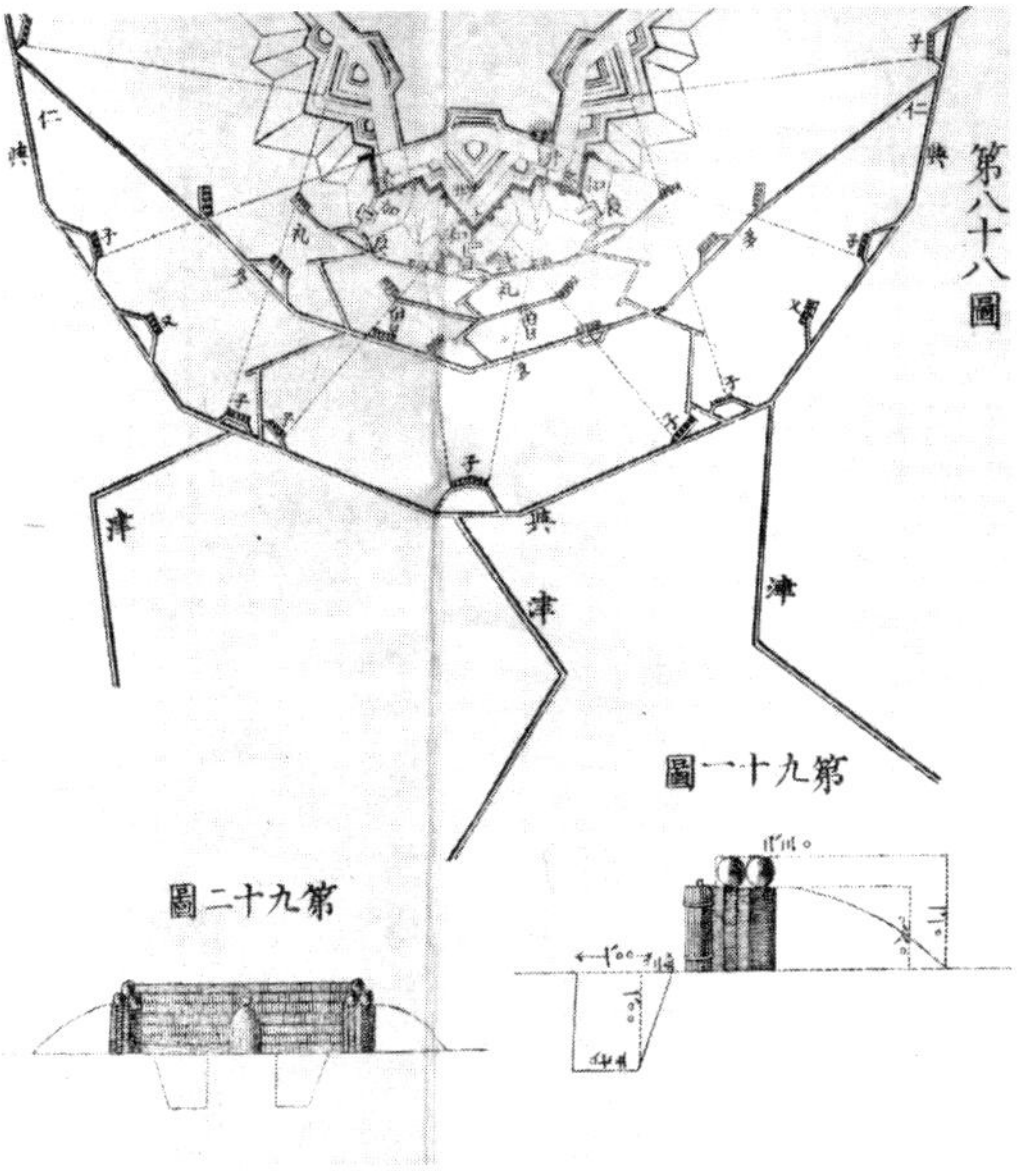

図114　「築城典刑」の城塞関係図

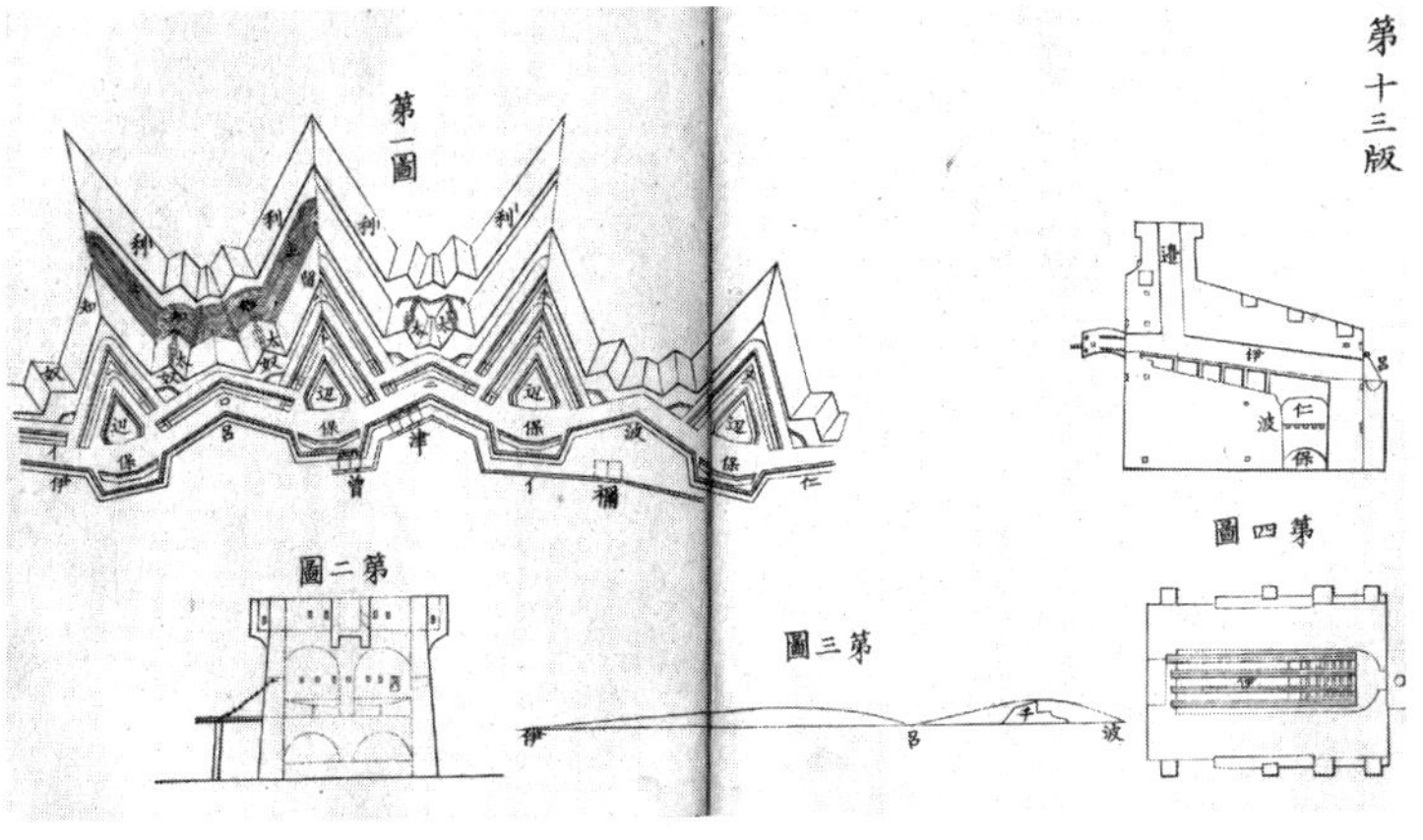

図115　「海上砲具全図」の城塞関係図

幕末の日本には、長崎を通じてヨーロッパの軍事学の情報がもち込まれていて、蘭学者の間ではその知識を修得する人材は多かったようである。その一人が武田斐三郎であり、箱館戦争時の大鳥圭介ともいえるだろう。一八六四（元治元）年に大鳥圭介が翻訳した「築城典刑」や、一八五四（安政元）年に翻訳された「海上砲具全図」（大野藩）などに稜堡スタイルの防禦システムの紹介がみられるように、学問上の教程本として広まっていたとみられる。

このように、ヨーロッパでは古いタイプとなった稜堡式土塁ではあるが、幕末の日本では西洋文化への対応が重要と考えられていたこともあって、五稜星形のスタイルの導入となったものと推定される。

西洋式土塁の五稜郭築造場所として、内陸亀田の地が選択されている。決して戦略的に有利な要害の地ではないものの、港湾から一定の距離にあることなど、軍事学的な情報も折り込み済みの上での決定である。箱館奉行の頭のなかには、軍事要塞としてではなく、新しい都市計画的な発想があり、象徴的な存在として五稜郭を位置づけていたのであろうか。

Ⅷ　五稜郭関連の遺跡

ここでは、現在でもその場所等が確認できる五稜郭関連の遺跡として、東照宮、四稜郭、松前藩戸切地陣屋について紹介したい。

1　五稜郭の鎮守府「東照宮」

五稜郭の重要な場所はどこか、というと箱館奉行所であるという答えになるだろう。では、言い方を換えて、五稜郭・箱館奉行所の人びとにとって重要な場所は、という問いの答えはどうであろうか。その答えは「東照宮」である。

この東照宮は、五稜郭が竣工した一八六四（元治元）年の翌年に、五稜郭の北東約二キロにある上山村の高台上に造営されたものである。東照宮は、徳川家康を祀る神社であり、造営の理由は江戸城に対する日光東照宮と同じく、五稜郭の鬼門の方角に対する鎮護の目的として設置されたものである。

つまりは、五稜郭の守護神は徳川家康ということになる。江戸時代において、幕臣たちのほとんどが家康を崇拝していたものと考えられ、東照宮は精神的なよりどころであった。

図116　旧東照宮の鳥居（元治２年［1865］４月17日建立）

上山村の東照宮では、一八六五（元治二）年四月十七日に東照権現の鎮座祭が行われ、それ以降鎮守府として君臨することになった。

この四月十七日は家康が薨去した一六一六（元和二）年四月十七日に因んだもので、毎年この日が年祭日となった。箱館奉行所においても四月十七日は年祭日として休日であった。一八六七（慶応三）年四月十七日には、箱館奉行杉浦兵庫頭誠が正装の上、拝礼を行っている。これ以外にも、月代わりの十七日にも拝礼するなど、箱館奉行所にとって東照宮がいかに大きな存在であったかを物語っている。

この東照宮の社殿は、一八六九（明治二）年五月十一日の箱館戦争時、明治新政府軍総攻撃の際に炎上したため、現存しない。現在は、跡地に神山稲荷神社が建立され、当時の社殿跡とみられる礎石が点在するものの、その建物等の状況をうかがい知ることはできない。ただ、一つだけ神社地の入口部には、一八六五（元治二）年に建立された鳥居が残され、その名残りを偲ばせるものとなっている。

なお、この東照宮跡地は権現台場跡と称せられているが、台場としての築造記録もなく、また台場造営の痕跡もほとんどみられない。したがって、この場所を権現台場として扱うのは無理があり、やはり「東照宮跡」とするべきであろう。

図117　1869年に急造された四稜郭

2　東照宮を守備する台場「四稜郭」

四稜郭は、蝶が羽を広げたような四稜の突角を有する形からその名が付けられた、洋式築城法にもとづく堡塁である。一八六九（明治二）年の箱館戦争の際に、旧幕府脱走軍により五稜郭の北東側約三キロの丘陵上に急造されたもので、同年の四月下旬頃に兵士約二〇〇名と付近住民約一〇〇名の動員により短期間で完成したといわれている。

この堡塁を築造する要因となったものは、四稜郭の南西側約一キロに設置されていた東照宮の存在である。一八六八（明治元）年に蝦夷地を領有した旧幕府脱走軍は、新政府軍の反撃を想定し、戦略的な要地となる場所にいくつか台場を設置した。なかでも、東照宮については、幕臣の人間にとっては特別な想いがあったようで、脱走軍の記

図118　函館戦争図幅（四稜郭と東照宮）

録のなかからもそのことがうかがえる。『蝦夷之夢』には「一八六九（明治二）年正月……十七日、神山村神祖の廟を祭り海陸両軍香酒を備え拝礼し、人々ただ血涙の戦袍に濺ぐを覚ゆ」とあり、その崇拝の念はとてつもなく大きなものがあったようである。そこで、この東照宮を守備するために、その延長線上の高台に堡塁となる台場の四稜郭を築造することになったものと考えられる。

この洋式台場の設計者が誰なのかは明らかになっていないが、脱走軍関係者のなかに可能性のあるものが二名いる。その二名は、陸軍奉行の大鳥圭介とフランス軍事顧問団のブリュネ大尉である。大鳥圭介の『南柯紀行』にも「神山の小堡築造未だ成功せざれども」と記され、かかわりがあるように見える。しかし一方では、大鳥のブリュネ評も「未だ年齢壮かけれども性質怜悧にして、度量学築城学に長ぜり」と高いものがあり、二名のいずれでも成り立ちうる。突貫工事により堡塁は完成を見たが、五月十一日早朝からの新政府軍総攻撃により、わずか数時間で陥落し、その守備隊は五稜郭へ退去したといわれている。

　四稜郭の土塁などの保存が良好なことから、一九三四（昭和九）年国の史跡に指定された。その史跡指定地は約二万一五〇〇平方メートルの規模がある。

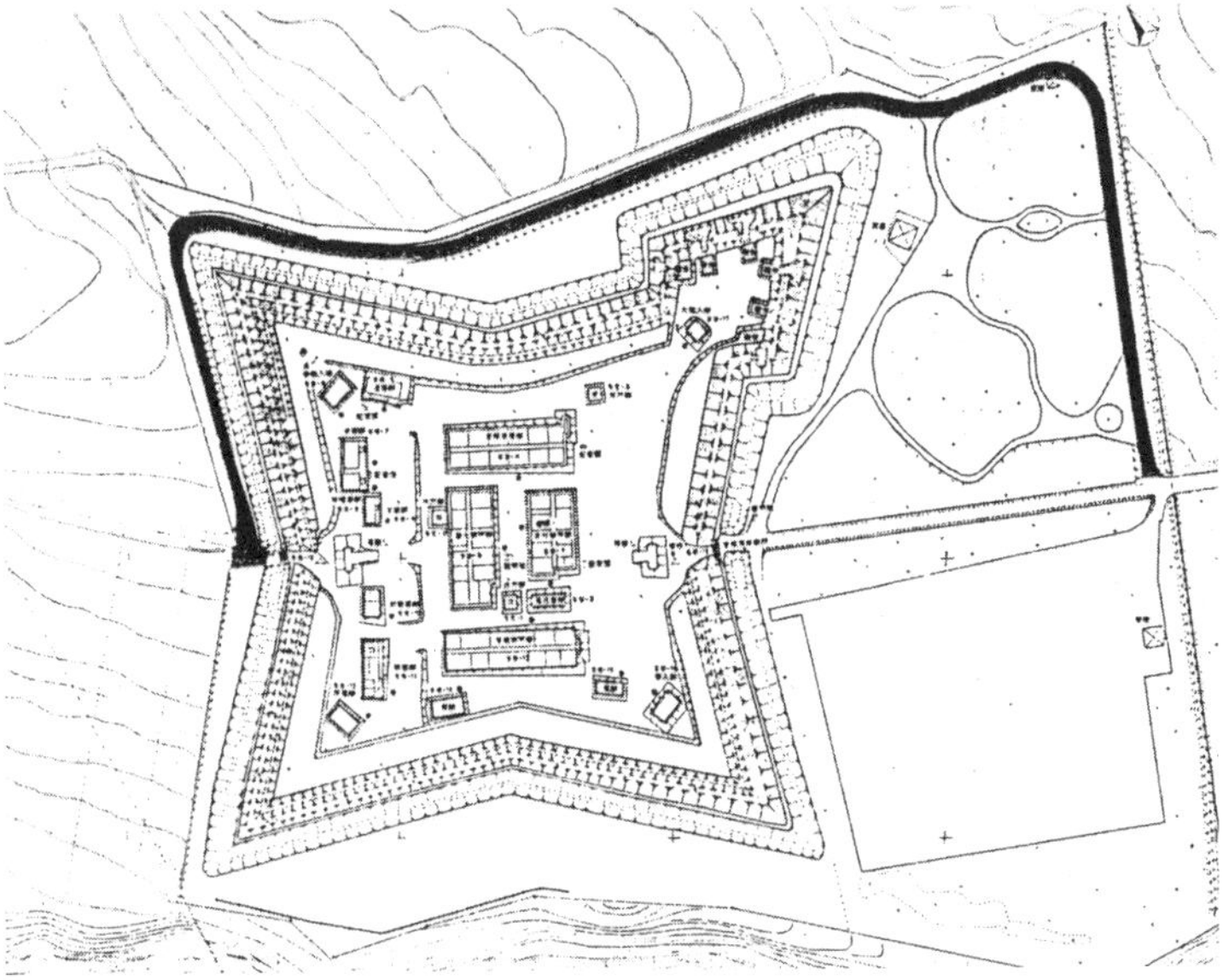

図119　史跡松前藩戸切地陣屋跡全体配置図

地上遺構は、東西約一〇〇メートル、南北約七〇メートルの範囲に、幅五・四メートル、高さ約三メートルの土塁が巡らされ、その外周には幅二・七メートル、深さ〇・九メートルの空壕が掘られている。また、四隅には砲座が配置され、南西側に門口が設けられている。

一九七〇（昭和四十五）年度から一九七二年度にかけて、亀田町（一九七一年亀田市となり、一九七三年に函館市と合併）が土塁修復、周辺整備を行い、一九九〇（平成二）年度に函館市が再整備を実施した。

3　松前藩の箱館港湾警備「戸切地陣屋跡」

函館市西隣りの北斗市の海岸から約四・五キロ内陸の高台上に、洋式築城法により築造された松前藩の陣屋跡である。

一八五四（安政元）年の日米和親条約締結後、

幕府は蝦夷地直轄を行うとともに、松前藩に対して箱館港を含む木古内までの警備を命じた。この結果、松前藩は翌年に家臣の藤原主馬が蘭学書をもとに四稜形の陣屋土塁を築造し完成させた。そして、箱館近郊の警備が行われていたが、一八六八（明治元）年の箱館戦争の際、旧幕府脱走軍の急襲を恐れて松前藩士自らが陣屋内建物を焼き払った。

　一九六五（昭和四十）年に国指定史跡となり、一九七〇（同四十五）年には追加指定と一部の解除が行われた。史跡指定面積は九万八二〇九平方メートルとなる四稜形の堡塁である。この堡塁のうち、北東側の稜堡部分が大きく突出し、そこに六門の砲座が設置されている。四稜形に巡らされる土塁は高さ二・六メートルから三・五メートルで、その外周に深さ二・七メートルから三・四メートルの空壕が掘られている。土塁内二カ所には遮蔽のための土塁が築かれ、出張陣屋としての各詰所跡、長屋跡、厩跡など、建物跡が多数存在していた。これらについては、一九八一（昭和五十六）年からの発掘調査により位置や規模等の確認が行われ、それをもとにした史跡整備が実施されてきている。

　このように、戸切地陣屋跡は、洋式築城法にもとづき築造された西洋式土塁としては、最古のものと位置づけられる。

　なお、これらの遺跡以外にも五稜郭に関連する遺跡は数多く存在しているが、現在までにその姿が良好な形で保存されていないものや、その全容がわからないものが多く、取り上げは別の機会としたい。

五稜郭タワー

所 在 地	〒040-0001　函館市五稜郭町43- 9
問い合せ	TEL 0138-51-4785　FAX 0138-32-6390 http://www.goryokaku-tower.co.jp/
営業時間	4月21日～10月20日　8：00～19：00 10月21日～4月20日　9：00～18：00 ※「五稜星の夢」開催期間中（冬季）9：00～19：00 ※年中無休
展 望 料	〔一般〕 大人840円、中・高校生630円、小学生420円 〔団体〕 大人760円、中・高校生570円、小学生380円 ※小学生未満は無料
交　　通	函館バス「五稜郭公園入口」下車、徒歩7分 市電「五稜郭公園前」下車、15分

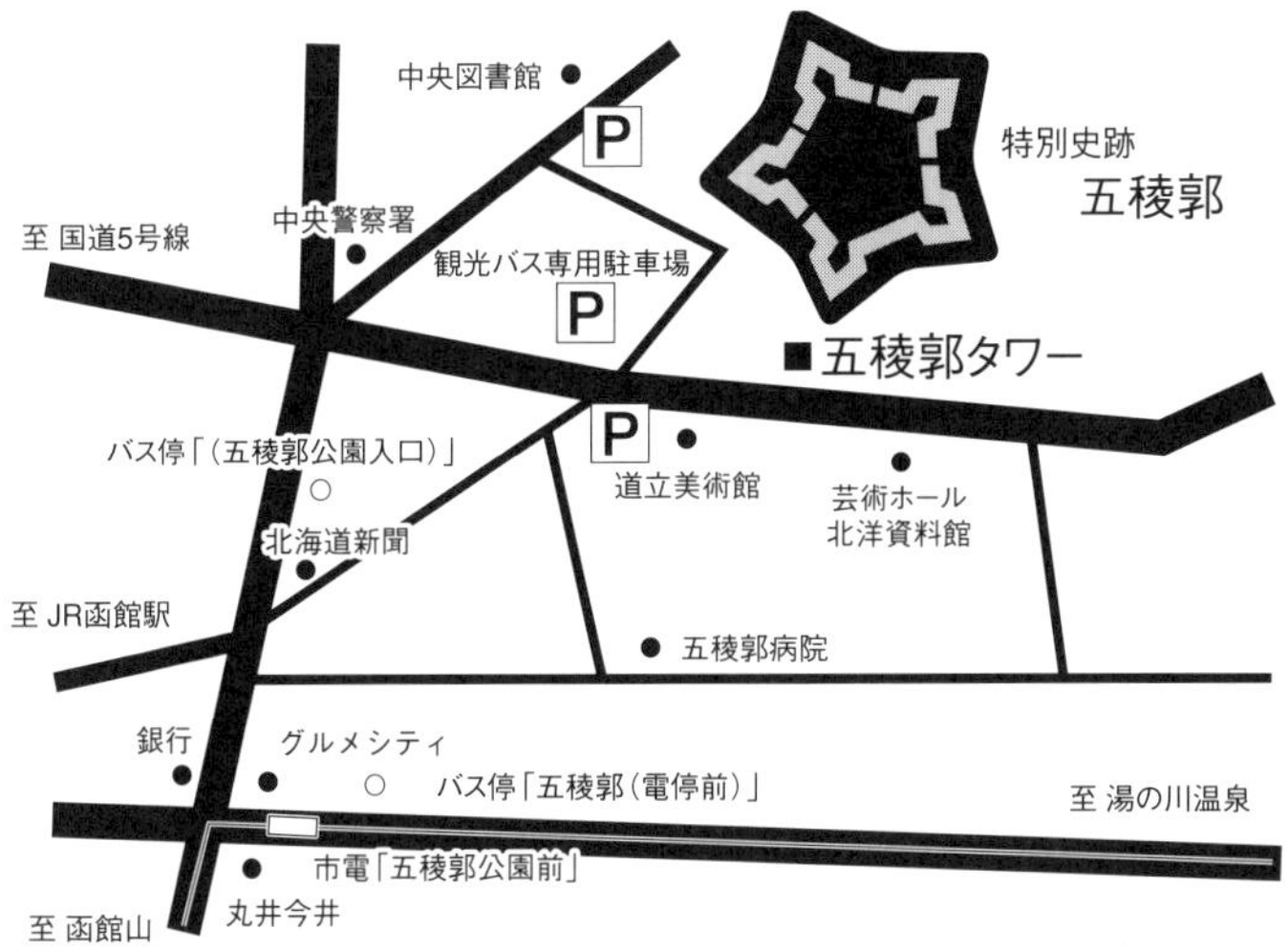

参考文献

今村伸哉　一九九九　「五稜郭築城とそのルーツ」『季刊大林』No.四六　大林組
大橋康二　一九八九　『肥前陶磁』考古学ライブラリー五五　ニュー・サイエンス社
岡　泰正　一九八八　『長崎の青貝細工と有田磁器』神戸市立博物館だより二五
小野正雄監修・稲垣敏子解読　一九九一　『杉浦梅潭　箱館奉行日記』慶応二年〜慶応四年　杉浦梅潭日記刊行会
柏谷与市　一九八八　『五稜郭築城の経過』五稜郭築城研究会
白山友正　一九六六　『箱館五稜郭築城史―五稜郭フランス式築城論並に築城考証年表』函館観光協会
白山友正　一九七一　『武田斐三郎伝』北海道経済史研究所叢書第四六編
田原良信　一九九〇　「五稜郭出土の肥前系陶磁器」市立函館博物館研究紀要第一号
田原良信　二〇〇〇　「五稜郭」『考古学による日本歴史』六 戦争　雄山閣
田原良信　二〇〇二　「五稜郭と箱館奉行所」『中近世史研究と考古学』葛西城発掘三〇周年記念論文集刊行会編　岩田書院
田原良信　二〇〇三　「知られざる五稜郭」『箱館昔話』第十五号　函館パルス企画
田原良信　二〇〇七　「特別史跡五稜郭跡の復元整備と活用について」北海道考古学第四三輯
塚谷晃弘・益井邦夫　一九七六　『北海道の陶磁　箱館焼とその周辺』雄山閣
坪井利弘　一九七六　『日本の瓦屋根』理工学社
中嶋和郎　一九九六　『ルネサンス理想都市』講談社選書メチエ77
中島浩気　一九三六　『肥前陶磁史考』青潮社
長沼　孝　一九九七　「コンプラ瓶」『考古学による日本歴史』一〇 対外交渉　雄山閣
滑川明彦　一九八九　『五稜郭とフランス』日本大学人文化学研究所『研究紀要』第三八号

滑川明彦　一九九三　『武田斐三郎と洋学』言語文化研究第一二巻第二号
日本観光文化研究所編　一九八五　『海を渡った日本のやきもの』ぎょうせい
函館市　一九九〇　『函館市史』通説編　第二巻
函館市史編纂委員会　一九六〇　「四稜郭と権現台場」『函館市史資料集第三六集』
函館市史編纂委員会　一九六〇　「五稜郭水道と亀田村水道」『函館市史資料集第三九集』
函館日仏協会設立十周年記念事業実行委員会編　一九九三　『蝦夷に咲いた百合「佛船碇泊日記」函館日仏交流史資料集1』函館日仏協会
秀島成忠編　一九七二　『佐賀藩銃砲沿革史』明治百年史叢書一五六　原書房
平井　聖　一九九三　「五稜郭　奉行所復元考察」『復元体系日本の城Ⅰ　北海道・東北』ぎょうせい
藤崎定久　一九八四　「五稜郭について」『箱館戦争のすべて』新人物往来社
ヘレン・ロウズナウ　西川幸治監訳・理想都市研究会訳　一九七九　『理想都市　その建築的展開』鹿島出版会
保科智治　一九九六　「箱館奉行による蝦夷地支配―箱館の警衛を中心に―」『松前藩と松前』三八　松前町史編集室
堀越正雄　一九八一　『井戸と水道の話』論創社

〈発掘調査報告書等〉
江差町教育委員会　一九八〇　『開陽丸　海底遺跡の発掘調査報告書1』
上磯町教育委員会　一九八四～一九八六　『史跡松前藩戸切地陣屋跡』昭和五八年～六〇年度発掘調査概報
長崎市教育委員会　一九八六　『国指定史跡出島和蘭商館跡範囲確認調査報告書』
函館市教育委員会　一九八二　『特別史跡五稜郭跡橋保存修理工事報告書』
函館市教育委員会　一九八五　『昭和五九年度特別史跡五稜郭跡遺構確認調査報告書』
函館市教育委員会　一九九〇　『特別史跡五稜郭跡』Ⅰ～Ⅳ　昭和六〇年度～昭和六三年度環境整備事業に伴う発掘調査概報

函館市教育委員会　一九九〇『特別史跡五稜郭跡　箱館奉行所跡発掘調査報告書』
函館市教育委員会　一九九〇『特別史跡五稜郭跡保存整備調査報告書』　保存整備基本計画策定に向けて
函館市教育委員会　一九九一『特別史跡五稜郭跡保存整備基本計画』
函館市教育委員会　一九九四〜二〇〇〇『特別史跡五稜郭跡』平成五年度〜平成一一年度環境整備事業に伴う発掘調査概報
函館市教育委員会　二〇〇〇『箱館奉行所復元構想』
函館市教育委員会　二〇〇一『特別史跡五稜郭跡環境整備事業報告書』平成七年度〜平成一二年度実施環境整備事業
函館市教育委員会　二〇〇一『箱館奉行所復元計画（郭内土塁内エリア整備計画）』
函館市教育委員会　二〇〇三『特別史跡五稜郭跡兵糧庫保存修理工事報告書』
函館市教育委員会　二〇〇六『特別史跡五稜郭跡　箱館奉行所跡発掘調査報告書』平成一七年度発掘調査報告書
松前町教育委員会　一九八五〜一九九五『史跡　福山城』Ⅱ〜ⅩⅡ　昭和五九年度〜平成六年度発掘調査概要報告

あとがき

五稜郭が一九二二（大正十一）年に国指定史跡となって八五年、一九五二（昭和二十七）年に特別史跡となって五五年、五稜郭復元整備のための試掘調査開始からすでに二五年ほどを経過することになった。数々の紆余曲折を経て、ようやく復元整備工事が開始の運びとなった。

五稜郭は、幕末の箱館開港にともない築造された、諸外国との交渉や蝦夷地防備の目的を果たすための重要な役割を担った役所であった。しかしながら、そのことは案外知られていない。五稜郭を訪れる人々にとって最大の関心事は、おそらくは特異な五稜星形となる土塁の存在であり、またその場で繰り広げられたであろう箱館戦争の激戦の様子やそれに関わる人物像にある。現に、多くのガイドブックを始めとして五稜郭跡の現地で語られる説明の多くは、ほとんど箱館戦争に終始している。このため、五稜郭がなぜ造られたのかについて誤解を生じているケースが多々みられることも確かである。

正直なところ、二十数年前に発掘調査を始めたばかりの時の私自身も、著名な箱館戦争に関わる多くの出来事の痕跡を発見できることを期待していた。しかしながら、調査が進むにつれ明らかとなることは、大半が箱館開港にともなう奉行所関連遺構であり、確実に箱館戦争といえるものはほとんどわからない状況であった。発掘調査でわかることは、その土地に残された地下遺構や地上遺構の姿であり、そのなかで展開されていた出来事についてはとらえ難いのも事実である。箱館戦争時では当然ながら五稜郭内の生活環境等はほぼ完備した状況にあったことは容易に想像がつく。奉行所時代では不要であったが、箱館戦争時に必須なものは防禦のための砲備であることは疑いない。つまり、五稜郭内で箱館戦争の痕跡を追求すると、土塁を中心とした戦闘配備に関係する事柄に限られることになる。

五稜郭は正に役所であって、明らかに軍事要塞ではなかった。実際に、五稜郭の改造がなされたものの、箱館戦争時の唯一ともいえる実戦においても、ほとんど有効な防禦システムの役割を果たすことはなかった。この反面、役所であった姿を再現するための良好な資料を数多く得ることができている。これらのデータをもとに、幕末期の箱館とその中心的役割を担っていた役所を理解してもらう試みが、箱館奉行所復元を中心とする五稜郭跡の全体整備であると考えている。

諸外国からの防備の最前線が軍事要塞の弁天岬台場であり、五稜郭はその背後に位置する象徴・ランドマークとしての存在であったと思われる。軍事的要因よりもライフラインを充実させた政治的な中心地が、五稜郭の真の姿といえるのではないだろうか。

これまでの二十数年にわたる諸調査において、奈良女子大学名誉教授の近藤公夫先生からは史跡整備のあり方、昭和女子大学教授の平井聖先生から奉行所復元について、数多くのご指導やご助言をいただいたことに心から感謝申しあげます。また、文献史料調査や解読には前函館市史編さん室長の菅原繁昭氏から多くの力添えをいただき、市立函館博物館の保科智治学芸員と函館市教育委員会文化財課の野村祐一学芸員、および函館市教育委員会、市立函館博物館、函館市中央図書館から資料提供などでご協力いただいたことに深くお礼申しあげたい。

最後に、本書執筆の機会を与えていただいた文化庁の坂井秀弥先生に感謝申しあげます。

菊池徹夫
坂井秀弥　企画・監修「日本の遺跡」

27　五稜郭《ごりょうかく》

■著者略歴■

田原良信（たはら・よしのぶ）

1952年、北海道生まれ
駒澤大学文学部歴史学科考古学専攻卒業
現在、函館市教育委員会生涯学習部文化財課長
主要論文等
「五稜郭出土の肥前系陶磁器」『市立函館博物館研究紀要』第1号、1990年
「五稜郭と箱館奉行所」『中近世史研究と考古学』葛西城発掘30周年記念論文集刊行会編、2002年
「再考　志海苔古銭と志苔館跡」『市立函館博物館研究紀要』第14号、2004年
「特別史跡五稜郭跡の復元整備と活用について」『北海道考古学』第43輯、2007年

2008年5月15日発行

著　者　田原　良信
発行者　山脇　洋亮
印刷者　亜細亜印刷㈱

発行所　東京都千代田区飯田橋 4-4-8　東京中央ビル内　(株)同成社
TEL 03-3239-1467　振替 00140-0-20618

ISBN978-4-88621-434-8 C3321

シリーズ　日本の遺跡

菊池徹夫・坂井秀弥　企画・監修　　四六判・定価各1890円

【既刊】

①西都原古墳群　南九州屈指の大古墳群　北郷泰道
②吉野ヶ里遺跡　復元された弥生大集落　七田忠昭
③虎塚古墳　関東の彩色壁画古墳　鴨志田篤二
④六郷山と田染荘遺跡　九州国東の寺院と荘園遺跡　櫻井成昭
⑤瀬戸窯跡群　歴史を刻む日本の代表的窯跡群　藤澤良祐
⑥宇治遺跡群　藤原氏が残した平安王朝遺跡　杉本　宏
⑦今城塚と三島古墳群　摂津・淀川北岸の真の継体陵　森田克行
⑧加茂遺跡　大型建物をもつ畿内の弥生大集落　岡野慶隆
⑨伊勢斎宮跡　今に蘇る斎王の宮殿　泉　雄二
⑩白河郡衙遺跡群　古代東国行政の一大中心地　鈴木　功
⑪山陽道駅家跡　西日本を支えた古代の道と駅　岸本道昭
⑫秋田城跡　最北の古代城柵　伊藤武士
⑬常呂遺跡群　先史オホーツク沿岸の大遺跡群　武田　修
⑭両宮山古墳　二重濠をもつ吉備の首長墓　宇垣匡雅
⑮奥山荘城館遺跡　中世越後の荘園と館群　水澤幸一
⑯妻木晩田遺跡　甦る山陰弥生集落の大景観　高田健一
⑰宮畑遺跡　南東北の縄文大集落　斎藤義弘
⑱王塚・千坊山遺跡群　富山平野の弥生墳丘墓と古墳群　大野英子
⑲根城跡　陸奥の戦国大名南部氏の本拠地　佐々木浩一
⑳日根荘遺跡　和泉に残る中世荘園の景観　鈴木陽一
㉑昼飯大塚古墳　美濃最大の前方後円墳　中井正幸
㉒大知波峠廃寺跡　三河・遠江の古代山林寺院　後藤建一
㉓寺野東遺跡　環状盛土をもつ関東の縄文集落　江原・初山
㉔長者ケ原遺跡　縄文時代北陸の玉作集落　木島・寺﨑・山岸
㉕侍塚古墳と那須国造碑　下野の前方後方墳と古代石碑　眞保昌弘
㉖名護屋城跡　文禄・慶長の役の軍事拠点　高瀬哲郎
㉗五稜郭　幕末対外政策の北の拠点　田原良信

【続刊】

㉘長崎出島　甦るオランダ商館　山口美由紀